Direito Administrativo

CONCURSO PÚBLICO

B277d   Barros, Wellington Pacheco
           Direito administrativo: concurso público / Wellington Pacheco Barros. – Porto Alegre: Livraria do Advogado Ed. 2007.
           179p.; 23cm.
           ISBN 978-85-7348-474-8

           1. Direito administrativo. 2. Questões de concurso. I. Título.

                                              CDU – 35

           Índice para o catálogo sistemático:
           Direito administrativo
           Questões de concurso

           (Bibliotecária responsável: Marta Roberto, CRB-10/652)

Wellington Pacheco Barros

DIREITO ADMINISTRATIVO

CONCURSO PÚBLICO

TEORIA e PRÁTICA

Mais de 500 questões objetivas
sobre Direito Administrativo

livraria
DO ADVOGADO
editora

Porto Alegre, 2007

© Wellington Pacheco Barros, 2007

Capa, projeto gráfico e diagramação de
Livraria do Advogado Editora

Revisão de
Rosane Marques Borba

Direitos desta edição reservados por
Livraria do Advogado Editora Ltda.
Rua Riachuelo, 1338
90010-273 Porto Alegre RS
Fone/fax: 0800-51-7522
editora@livrariadoadvogado.com.br
www.doadvogado.com.br

Impresso no Brasil / Printed in Brazil

Sumário

Apresentação	7
Parte I – CONCURSO PÚBLICO	9
1 – Antecedentes	9
2 – Conceito	13
3 – Do princípio constitucional	15
4 – Da necessidade de previsão legal	16
5 – Do cargo ou emprego público	18
6 – Da natureza e complexidade do cargo ou emprego	20
7 – Das modalidades de concurso público	22
7.1 – Concurso de provas	22
7.2 – Concurso de provas e títulos	26
8 – Da abrangência	27
8.1 – Administração Pública Direta	27
8.2 – Administração Pública Indireta	28
9 – Das exceções ao concurso público	28
9.1 – Cargos em comissão	29
9.2 – Contratação temporária de excepcional interesse público	32
10 – Da comissão de concurso	38
11 – Do edital de abertura de concurso	41
11.1 – Conteúdo formal	42
11.2 – Conteúdo material	42
12 – Da inscrição	43
13 – Do julgamento da inscrição	52
14 – Da elaboração das provas	53
15 – Da aplicação da prova	56
16 – Da correção das provas	57
17 – Da publicação das notas das provas	58
18 – Do recurso administrativo	59
18.1 – Da fundamentação do recurso	59
18.2 – Da motivação da decisão recursal	60
19 – Do controle do concurso pelo Poder Judiciário e pelo Tribunal de Contas	61
20 – Do edital de aprovação	62

21 – Da preclusão administrativa 62
22 – Dos exames de aptidão física, psicológica ou psiquiátrica 62
23 – Da nomeação 63
24 – Da posse 65
25 – Do exercício 65
26 – Do estágio probatório 65
27 – Da estabilidade 66

Parte II – QUESTÕES OBJETIVAS SOBRE DIREITO ADMINISTRATIVO
    Considerações gerais 67
    1 – Administração pública 68
    2 – Ato Administrativo 86
    3 – Controle da Administração 98
    4 – Licitação 104
    5 – Contratos administrativos 113
    6 – Servidor Público 124
    7 – Bens Públicos 144
    8 – Intervenção do Estado na propriedade privada 152
    9 – Responsabilidade civil do Estado 163
    10 – Improbidade Administrativa 166
    11 – Serviços públicos 167

Gabaritos 175
    1 – Administração Pública 175
    2 – Ato administrativo 175
    3 – Controle da Administração 176
    4 – Licitação 176
    5 – Contratos administrativos 176
    6 – Servidor Público 177
    7 – Bens públicos 177
    8 – Intervenção do Estado na propriedade privada 178
    9 – Responsabilidade civil do Estado 178
    10 – Improbidade administrativa 178
    11 – Serviços Públicos 178

Bibliografia 179

Apresentação

Tenho trabalhado o tema *concurso público* sob três ângulos bem distintos: na *cátedra* – como professor há mais de 15 anos na Escola Superior da Magistratura da Associação dos Juízes do Rio Grande do Sul; na *jurisdição* – como membro titular da 4ª Câmara Cível e do 2º Grupo Civil do Tribunal de Justiça do Estado do Rio Grande do Sul desde 1997, órgãos jurisdicionais que têm competência recursal exclusiva sobre a matéria no âmbito estadual, e na *Administração Pública* – como membro da Comissão de Concurso para Juiz de Direito Substituto, também do Tribunal de Justiça do Estado do Rio Grande do Sul, por 6 anos.

Essa tríplice vivência sobre concurso público foi o que me levou a escrever o presente livro que intitulei – *Direito Administrativo – Concurso Público – Teoria e Prática* – na expectativa de poder repassar a experiência adquirida nos três ângulos pela ótica de um quarto, que é a via doutrinária.

Assim, o livro enfoca, num primeiro momento, temas diretamente vinculados ao concurso público e aqueles que dele são decorrentes. Nesta parte do livro, procuro dimensionar tempos e momentos de um concurso, quer sejam eles de um ângulo externo, o do candidato, ou interno, da Administração Pública, sempre temperados com pensamentos doutrinários e jurisprudenciais.

Na segunda parte do livro, são alinhadas mais de 500 questões objetivas de direito administrativo, todas resultando de exaustiva pesquisa de campo em quase uma centena de concursos públicos em que esse ramo do direito foi questionado. O que é relevante ressaltar é que as questões foram agrupadas em conteúdos estanques, visando a possibilitar a que o leitor pudesse constatar as vertentes de questionamento sobre um mesmo tema e, de outro, tivesse condições de deduzir o que é possível de ser questionado e, em muitos casos, as reiteradas repetições. O Autor procurou manter as questões na sua fórmula originária, apenas adaptando-as às modificações sofridas posteriormente.

O Autor espera que o livro possa contribuir não só para os concursandos, mais para todos aqueles que desejam ter uma visão tópica sobre um tema de grande relevância no direito público brasileiro.

Porto Alegre, janeiro de 2007.

O Autor

Parte I

CONCURSO PÚBLICO

1 – Antecedentes

Qual o melhor critério para escolher cidadãos que devam ocupar cargos públicos? Essa indagação tem sido feita ao longo do tempo, e a história demonstra que, antes de se fixar no concurso público, ocorreram várias formas de acesso, como:[1]

a) o sorteio;
b) a compra e venda;
c) a herança;
d) o arrendamento;
e) a livre nomeação absoluta;
f) a livre nomeação relativa e
g) a eleição.

O *sorteio*, como a própria nomenclatura indica, foi muito aplicado na Grécia, e consistia na escolha aleatória de cidadãos para o cargo, sendo que seus nomes eram previamente escritos em material de certa consistência chamado *sors, sortis*.

Na Idade Média, o ingresso no serviço público ocorria por *compra e venda*. Ou seja, os cargos a serem preenchidos eram alienados pelo Estado a quem pudesse comprá-lo. Era um verdadeiro bem estatal alienável.

Ainda na Idade Média, e como conseqüência de ser um bem que de público passava a ser privado, constituía ele um direito a ser *her-*

---

[1] José Cretella Júnior faz um minucioso relato a esse respeito no seu *Curso de Direito Administrativo*. 13ª ed. Rio de janeiro: Forense, p. 455 a 459.

dado pelos sucessores do anterior proprietário. Foi o período em que o cargo público se tornou objeto de herança.

O *arrendamento* do cargo público foi contemporâneo da compra e venda e da herança pelo simples fato de que, se podia ser vendido e herdado, como muito mais razão podia ser alugado.

O acesso ao cargo público por *livre nomeação absoluta* significa que a nomeação ocorre por discrição pura de quem tem o poder de nomear, sem qualquer vinculação. Essa sistemática atualmente está restrita, no Brasil, às nomeações de cunho político, como são as nomeações de Ministros de Estado pelo Presidente da República, dos Secretários pelo Governador do Estado ou Prefeito.

Já a *livre nomeação relativa* limita a discricionariedade do detentor do poder de nomear, como é o caso de nomeações pelo Presidente da República para os tribunais superiores ou para desembargador oriundo do quinto pelo Governador do Estado. Essa nomeação é relativa porque, no primeiro caso, a indicação deve passar pelo crivo de aprovação pelo Senado Federal e, no segundo, porque parte da classe a indicação de lista sêxtupla, reduzida pelo Tribunal de Justiça a uma lista tríplice, cabendo ao Governador a escolha dentre os três nomes que lhe são apresentados.

Mas, a idéia de condicionar o ingresso de pessoas na Administração Pública através de concurso público não é prerrogativa nova nem de exclusividade brasileira.

Para Vanessa Cerqueira Reis de Carvalho,[2] o princípio do concurso público tornou-se expresso na Declaração dos Direitos do Homem e do Cidadão de 1789, manifesto decorrente da Revolução Francesa, mas segundo José Cretella Júnior,[3] citanto Taine e Marcel Waline, somente se desenvolveu a partir de Napoleão, depois de enfrentar renhidas lutas dos opositores beneficiados por outros sistemas de ingresso no serviço público.

De qualquer sorte, a origem francesa do princípio do concurso público ganhou mundo e, inclusive, foi proclamado pela ONU na Declaração dos Direitos do Homem de 1948, no seu art. 21.

---

[2] CARVALHO, Vanessa Cerqueira Reis de. "O Princípio do Concurso Público e a Contratação por Prazo Determinado", *Revista de Direito da Procuradoria Geral do Estado do Rio de Janeiro*, 2002, p. 113.

[3] CRETELLA JÚNIOR, José. *Tratado de Direito Administrativo, O Pessoal da Administração Pública*, vol. IV, 2ª ed. Rio de Janeiro: Forense, 2005, p. 224.

A sistemática não é perfeita e ainda tem opositores, especialmente nos campos político e doutrinário.[4]

No entanto, embora a fórmula não seja exaustiva e enseje ainda grandes controvérsias, como a doutrina mesmo reconhece, não existe um outro sistema conhecido que garanta o acesso de qualquer um do povo a um cargo público e que dê primazia ao conhecimento técnico, e não às relações pessoais. Ademais, é a que assegura com maior abrangência o princípio do estado democrático de direito pelo qual qualquer pessoa pode aspirar a um cargo público sem atrelar-se a desígnios pessoais de políticos que usam o Estado como extensão do "seu".

Um grande problema, e não se pode fazer vistas grossas à sua existência, é o que tem surgido após o ingresso do servidor na Administração Pública, ou seja, depois que o pretendente ao cargo supera a fase de aprovação, nomeação, posse e se torna efetivo. Parece que as dificuldades e angústias surgidas na superação do certame, que é cada vez mais concorrido pelo déficit de absorção de mão-de-obra no mercado de trabalho, e de outro lado, pela segurança gerada pela estabilidade e garantia de remuneração certa oferecidas pelo serviço público, o certo é que tudo isso transforma o ex-concorrente, agora servidor, que se *adona do cargo* e passa a exercer suas atribuições com uma pessoalização típica de quem adquiriu o cargo como uma verdadeira propriedade, inclusive com o direito de pouco trabalhar. Isso, não raro, conta com a leniência de agentes políticos que, não dispondo mais do poder de nomear, faz vistas grossas à ineficiência do servidor, buscando obter dividendos eleitorais futuros. Em sentido inverso, apesar do concurso público, as coisas do Estado continuam a ser manipuladas com interesses exclusivamente pessoais.[5]

---

[4] José Cretella Júnior, na obra acima mencionada, coloca Pontes de Miranda como um dos grandes opositores do sistema, narrando, inclusive, que abriu mão de disputar uma cádetra universitária para não ter que enfrentar o concurso público que fora estabelecido.

[5] Já tive oportunidade de manifestar esse pensamento quando publiquei a "Subjetivação do Poder Público", no *Jornal Zero Hora* de 18.06.1997, que depois o transformei em um dos capítulos do meu livro *Dimensões do Direito*, 2ª ed. Porto Alegre: Livraria do Advogado, 1999, p. 14, dessa forma:
Há alguns dias, um amigo me surpreendeu com este desabafo duro: prefiro discutir com o chefe da repartição pública a ter que dar explicações ao atendente de balcão. E completou: o chefe da repartição tem condições de entender que o seu poder tem limites, mas o atendente de balcão, muitas vezes, tem-se como o próprio poder. Para esse, uma argumentação mais dura ou um gesto mais brusco pode ser interpretado como ofensa a "seu" poder; um desacato a "sua" autoridade, numa típica demonstração de subjetivação da função pública. Já o chefe da repartição sabe que

No Brasil, a necessidade de que a investidura em cargo ou emprego público deva ocorrer através de aprovação prévia em concurso público de provas ou de provas e títulos tornou-se princípio administrativo específico com a Constituição Federal de 1967, afastando por completo a possibilidade de seleção com base unicamente em títulos, como ocorria na vigência da Constituição de 1946. O princípio está estruturado no art. 37, inciso II, da Constituição Federal, cuja análise detalhada será feita nos próximos tópicos.

Demonstrando que ainda se encontra em processo de evolução, a Emenda Constitucional nº 19/98 reestruturou essa forma de ingresso na Administração Pública quando estabeleceu que o concurso seria

---

seu poder não é desmedido, nem se exaure em seu querer, e por isso pode aceitar um argumento mais forte como exercício do direito de defesa do cidadão, pois é de se supor que a sua chefia tenha sido alcançada sob a égide de que o poder tem dever limitado na lei. E a questão não é de diferença cultural. Quase uma instituição nacional, como um verdadeiro pecado original de quase todo detentor do poder estatal, a pessoalidade na função pública precisa de uma forte dose de humanismo para ser suplantada, coisa que só se adquire com muita vivência democrática.

Embora a sustentação seja de efeito e não contemple o universo da atividade pública, o certo é que o exerício do poder estatal muitas vezes é tido como extensão idiólatra do eu-agente que o representa. Esse burocratismo em causa própria, infelizmente, é uma mazela que emperra e desvirtua o poder do Estado nacional. E o desabato do meu amigo pode perfeitamente servir de mote para explicar essa anormal simbiose de contextura histórica que dificulta a fluidez de consecução de melhores resultados pelo Estado brasileiro. É como se o princípio do absolutismo real, ou do "Estado sou eu", ainda estivesse em plena vigência, embora fracionada. Para muitos desses agentes, o uso pessoal do poder nada mais é do que um prazer, quase o exercício de um direito subjetivo e nem sempre absolutamente um dever

Na estruturação moderna do Estado, cuja evolução a história nos conta através das guerras e revoluções, o poder deixou de ser uma circunstância divida ou um direito natural do soberano para se constituir numa representação do poder do povo.

É este, assim, o verdadeiro dono do Estado e, conseqüentemente, do poder que nele existe, qualquer que seja o segmento que o exercite. A lei é o instrumento que intercambia e viabiliza essa transformação. É através dela que este ente inanimado adquire contornos e se exterioriza, mas só adquire vida pela ação de seus agentes. São eles o sangue e os músculos que movimentam toda esta estrutura em seus vários níveis e divisões. No entanto, a ação desse poder maior nunca deve se desvincular da origem, nem é parcela adquirida daquele que o exerce. O poder do Estado ou a ação do agente estatal quando a aciona traz sempre embutido um crédito remanescente: sua eterna vinculação ao poder que o criou. A pessoalização do poder do Estado é um desvio de comportamento que produz seqüelas condenáveis naquele contra quem é praticado; é a ação verduga do Estado.

Não fora a impessoalidade de agir do agente do Estado uma questão ética e moral, ela está consubstanciada como princípio estrutural da administração pública brasileira. E o art. 37, *caput*, da Constituição Federal positiva-o como direito fundamental a obrigar todo aquele que, de qualquer forma, detém o poder estatal.

As condenações impostas pela 4ª Câmara Criminal do Tribunal de Justiça do Estado do Rio Grande do Sul por atos de improbidade administrativa demonstram que, muitas vezes, elas resultam na indevida inversão de agir dos importantes agentes do poder público envolvidos, que tomam a coisa coletiva no exclusivo interesse particular, num ato de pessoalização do poder do Estado.

concurso de provas ou concurso de provas e títulos e deveria ocorrer *"de acordo com a natureza e a complexidade do cargo ou emprego"*, numa clara demonstração principiológica de que, para a investidura em cada cargo ou emprego público, um concurso específico que considere as estruturas próprias de tais cargos ou empregos. Isso significa que, preencher cargos de juiz federal, juiz de direito, procurador da República, promotor de justiça ou de advogado público, embora os concursos tenham uma base comum, a necessidade de conhecimentos de direito, no entanto, a natureza de cada um destes cargos e a resultante complexidade exigem uma aferição específica típica das diferenças que os separam.

2 – Conceito

Concurso, do latim *concursus*, de *concurrere*, é o ato ou efeito de se disputar alguma coisa com outras pessoas. *Público* é o que interessa a todos. Portanto, *Concurso Público*, como forma de investidura na Administração Pública, é a disputa coletiva para preenchimento de cargos ou empregos públicos vagos, em que se afere conhecimentos técnicos vinculados ao cargo ou emprego. É também chamado de *certame* ou *processo seletivo*.[6]

No conceito de direito administrativo é o meio de verificar a aptidão ou capacidade de um candidato ao provimento de determinado ofício ou cargo de carreira. Objetivamente corresponde às provas documentais ou práticas prestadas por candidato a determinado cargo público ou a certas concessões.

Numa visão sociológica, o concurso público é a oportunidade democrática de permitir a que todos possam ter acesso aos cargos e empregos públicos.

---

[6] Existe uma parte da doutrina que procura estabelecer diferenças entre concurso público e processo seletivo, sendo este aplicável especialmente para a investidura de empregos públicos na administração indireta. Há um equívoco nesta distinção. As empresas públicas, as sociedades de economia mistas e as fundações, embora na maioria das vezes pratiquem relações privadas, por força constitucional (art. 37, *caput*, da CF), integram o conceito de Administração Pública e por isso mesmo são obrigadas a realizar concurso público. A rotulação do concurso público como *processo seletivo* é apenas sinônima, como é *certame*.

Para Hely Lopes Meirelles, numa visão dura e crítica:

> O *concurso* é o meio técnico posto à disposição da Administração Pública para obter-se moralidade, eficiência e aperfeiçoamento do serviço público e, ao mesmo tempo, propiciar igual oportunidade a todos os interessados que atendam aos requisitos da lei, fixados de acordo com a natureza e a complexidade do cargo ou emprego, consoante determinado o art. 37, II, da CF. Pelo concurso afastam-se, pois, os ineptos e os apaniguados que costumam abarrotar as repartições, num espetáculo degradante de protecionismo e falta de escrúpulos de políticos que se alçam e se mantêm no poder leiloando cargos e empregos públicos.[7]

José Cretella Júnior salienta que concurso público pode ser definido como:

> A série complexa de procedimentos para apurar as aptidões pessoais apresentadas por um ou vários candidatos que se empenham para a obtenção de uma ou mais vagas e que submetem voluntariamente seus trabalhos ao julgamento de uma comissão examinadora.[8]

Adilson de Abreu Dallari, por sua vez, define concurso público como:

> Um procedimento administrativo, aberto a todo e qualquer interessado que preencha os requisitos estabelecidos em lei, destinado à seleção de pessoal, mediante aferição do conhecimento, da aptidão e da experiência dos candidatos, por critérios objetivos, previamente estabelecidos no edital de abertura, de maneira a possibilitar uma classificação de todos os aprovados.

Diógenes Gasparini diz que o concurso público:

> É o procedimento posto à disposição da Administração Pública direta e indireta, de qualquer nível de governo, para a seleção do futuro melhor servidor, necessário à execução de serviços que estão sob sua responsabilidade.[9]

Para Diogo de Figueiredo Moreira Neto:

> O concurso, formalmente considerando, vem a ser o procedimento administrativo declarativo de habilitação à investidura, que obedece a um edital ao qual se vinculam todos os atos posteriores.[10]

---

[7] MEIRELLES, Hely Lopes. *Direito Administrativo Brasileiro*. 29ª ed. São Paulo: Malheiros, 2004, p. 413.

[8] CRETELLA JÚNIOR, José, ob. cit, p. 224.

[9] GASPARINI, Diogenes. *Direito Administrativo*. 3ª ed. São Paulo: Saraiva, 1993, p. 127.

[10] MOREIRA NETO, Digo de Figueiredo. *Curso de Direito Administrativo*. Rio de Janeiro: Forense, 1994, p. 203.

3 – Do princípio constitucional

Como já foi dito anteriormente,[11] exigência de concurso público é princípio constitucional que obriga toda Administração Pública, e surgiu com a Constituição de 1967 e foi repetido na Constituição de 1988.

No livro *A Proporcionalidade como Princípio de Direito*, escrito em coautoria com Wellington Gabriel Zuchetto Barros, tive a oportunidade de assim me manifestar:

> Princípio, do latim principium, significa dizer, numa acepção empírica, início, começo, origem de algo. Paulo Bonavides refere que a noção deriva da linguagem da geometria onde designa as verdades primeiras. Também tem o significado de preceito, regra, lei. Para a filosofia, é a origem de algo, de uma ação ou de um conhecimento. No campo do direito, significa a regra maior pela qual se guiam todas as demais regras. É a estrutura básica e fundamental da qual derivam sem se desviarem todas as demais regras jurídicas. É o norte, e as demais disposições são os caminhos que conduzem a ele. Os princípios não se atritam ou se subsumem uns nos outros, apenas se limitam ou se restrigem. Como o princípio é norma emoldural, sofre limitação imposta pela própria lei. Não há conflito entre o princípio e a lei. Esta explicita aquele.[12]

O princípio da necessidade de concurso público para ingresso no serviço público está expresso no art. 37, inciso II, da Constituição Federal, impondo o caminho obrigatório a ser seguido pelo administrador público, mas também com isso criando um direito coletivo difuso para todos aqueles que pretenderem ingressar na Administração Pública. O dispositivo está assim redigido:

> Art. 37. ...
>
> II – a investidura em cargo ou emprego público depende de aprovação prévia em concurso público de provas ou de provas e títulos, de acordo com a natureza e complexidade do cargo ou emprego na forma prevista em lei, ressalvadas as nomeações para cargo em comissão declarado em lei de livre nomeação e exoneração;

Do dispositivo acima é possível se concluir que o concurso público:

a) necessita de previsão legal prévia;

b) é exigível para provimento de cargos ou empregos público;

---

[11] Ver o tópico *Antecedentes*.
[12] BARROS, Wellington Pacheco; BARROS, Wellington Gabriel Zuchetto. *A Proporcionalidade como Princípio de Direito*. Porto Alegre: Livraria do Advogado, 2006, p. 13.

c) é realizado nas modalidades de concurso de provas ou de provas e títulos;
d) deve considerar a natureza e complexidade do cargo ou emprego.

O detalhamento destes conteúdos será feito nos tópicos seguintes.

4 – Da necessidade de previsão legal

O princípio da necessidade de realização prévia de concurso público para ingresso na Administração Pública não é auto-aplicável. Sua implementação está condicionada à regulamentação legal prévia.

Dessa forma, embora a exigência de concurso público para ingresso na Administração Pública seja expressa na Constituição Federal, como típico princípio administrativo-constitucional, no entanto, a própria Lei Maior estabelece que este princípio constitucional somente poderá ser implementado através de *lei*, que, dentro do contexto, significa ato formal emanado do Poder Legislativo através de processo específico de criação.

Por conseqüência, fica afastada a possibilidade de a Administração Pública, por ato administrativo próprio, implementar as regras de um concurso público. Se o faz, o concurso público fere o princípio da legalidade e, por conseqüência, deverá ser declarado nulo por manifestação da própria Administração, de ofício, ou por provocação de qualquer interessado através de processo administrativo,[13] ou por controle externo tanto do Poder Legislativo, através do Tribunal de Contas, ou do Poder Judiciário através de ações processuais típicas de controle administrativo, como o mandado de segurança.[14]

A lei, no entanto, poderá delegar à Administração Pública toda implementação do Concurso Público. Na execução desta delegação, a Administração Pública substitui o próprio legislador, e sua dicção não é ato de poder próprio, mas apenas manifestação legislativa delegada.

De outro lado, a lei implementadora do concurso público poderá ser federal, estadual ou municipal dependendo da unidade federativa em que deva se realizar o certame. As regras criadas por lei federal

---

[13] Ver, de minha autoria, *Curso de Processo Administrativo*. Porto Alegre: Livraria do Advogado, 2005.
[14] Ver, de minha autoria, *O Município e seus Agentes*. Porto Alegre: Livraria do Advogado, 2002.

para um concurso dentro de sua esfera não têm qualquer ingerência dentro da órbita estadual e municipal, mesmo que ele se destine ao provimento de cargos ou empregos idênticos, pela simples conclusão de que o Brasil é uma federação e, como conseqüência, tem pessoas políticas com autonomia administrativa para regrar-se desde que respeitando os princípios constitucionais.

A lei fixará as regras gerais do concurso que serão regulamentadas pela Administração Pública.

Não pode a Administração Pública realizar concurso público sem previsão legal prévia e depois buscar ratificá-lo através de lei posterior. Ocorrendo isto, o certame é absolutamente nulo e, como conseqüência não cria qualquer direito para os concorrentes, mesmo que já aprovados, nomeados e investidos no cargo pela posse. Também não pode a Administração, na realização do concurso, modificar os parâmetros legais estabelecendo outras exigências que importem em acréscimos ou reduções do texto legal. Essas modificações, se não autorizadas expressamente na lei, são ilegalidades que não produzem qualquer efeito positivo ou negativo para os envolvidos, inoculando o concurso de invalidade e obrigando à Administração denunciá-lo de ofício, por provocação administrativa de qualquer interessado, do Tribunal de Contas ou mesmo do Ministério Público, ou através de controle jurisdicional.

No entanto, a moderna teoria geral sobre a nulidade administrativa, capitaneada pelo art. 54 da Lei nº 9.784/99, relativou o efeito *ex tunc* outorgado à nulidade por aplicação da Súmula 473 do STF, para, sopesando-o com os princípios da boa-fé do administrado e da necessidade de eficiência da Administração, impedir a retroação de seus efeitos e para, agora, sancionar a inércia da Administração com o decaimento da anulação, decorridos 5 (cinco) anos da prática do ato. Assim, por dispositivo expresso de lei, a Administração Pública Federal, mesmo tendo praticado ilegalidade na ralização do concurso público, é possível se entender com razoabilidade que fica a Administração impedida de revisar o seu ato decorrido o qüinqüênio legal. Dessa forma, no âmbito federal, o candidato que for aprovado em concurso público, nele for investido e lá permanecer por mais de 5 anos torna-se servidor público, apesar da anterior ilegalidade do concurso.

O dispositivo da lei federal tem sido copiado por vários Estados e por vários Municípios, já que o âmbito de sua aplicação é restrito à área da Administração Pública Federal, restando para aquelas administrações que não têm limitador legal sobre o efeito absoluto da nulidade administrativa, mesmo que haja manifesta omissão administrativa na declaração da nulidade, a possibilidade de interpretação de uma ou de outra forma. Em geral, as administrações têm optado pela declaração de invalidade do concurso até mesmo como decorrência de manifestação dos Tribunais de Contas.[15]

Às pessoas de direito privado que integram o conceito de Administração Pública, na categoria de administração indireta, embora tenham grande parte de suas relações jurídicas regradas pelo direito privado, já que a lei apenas autoriza que sejam criadas, na realização do concurso devem respeitar aquilo que for previsto para os concursos reralizados para a administração em geral. Isso pode vir expresso em lei geral de concurso ou por aplicação subsidiária.

5 – Do cargo ou emprego público

O segundo requisito inserto no princípio da necessidade do concurso público para ingresso no serviço público previsto no art. 37, II, da Constituição Federal, está em que o princípio se destina ao provimento de cargo ou emprego público.

Para Diógenes Gasparini:

Cargo público é o menor centro hierarquizado de competências da Administração Direta, autárquica e fundacional pública, criado por lei ou resolução, com denominação própria e número certo.[16]

J. Cretella Júnior define cargo público desta forma:

Cargo público é, a nosso ver, o lugar e o conjunto de atribuições a ele inerentes, confiado pelo Estado a uma pessoa física que, agindo em nome deste, desenvolve atividades de interesse coletivo.[17]

---

[15] O Estado do Rio Grande do Sul e o Município de Porto Alegre ainda não inseriram no seu direito administrativo material e processual qualquer dispositivo a este respeito e com isso estas administrações sempre alegam em seu proveito a Súmula 473 do S.T.F. que outorga efeito de nulidade absoluta à prática de atos administrativos contrários à lei. As 3ª e 4ª Câmaras Cíveis e o 2º Grupo Civil do Tribunal de Justiça que detêm competência para julgar feitos envolvendo servidor público de forma ainda incipiente têm aplicado o princípio da boa-fé para relativar os efeitos do ato administrativo nulo.

[16] GASPARINI, Diógenes. Ob. cit., p. 201.

[17] CRETELLA JÚNIOR, José. *Curso de Direito Administrativo*, p. 424.

Penso que *cargo público* é todo aquele criado por lei, em caráter fixo e número certo, com denominação e atribuições próprias, remunerado pelos cofres públicos e regido por estatuto próprio. Somente o detentor de cargo público é chamado de *servidor público*.

O *emprego público* também é criado por lei, em caráter fixo e número certo, com denominação e atribuições próprias, remunerado pelos cofres públicos, mas regido pela CLT. Nessa relação jurídica, o Estado deixa, por força de lei, suas prerrogativas de ente público para ser um típico empregador, submetendo-se às regras protetivas do direito do trabalho que vê no empregado, em tese, um hipossuficiente a merecer por isso mesmo proteção jurídica.

Portanto, o concurso público é o processo comum e obrigatório de ingresso tanto para a investidura no cargo como no emprego público. Superado o concurso, o servidor ou o empregado público são regidos por regimes jurídicos diferenciados. O servidor público, pelo regime estatutário, e o empregado público, pela Consolidação das Leis do Trabalho.

Nada impede que a Administração estabeleça regras típicas de concurso para o provimento de cargos em comissão. A Constituição Federal torna obrigatório o concurso apenas para os cargos e empregos públicos. Mas, fixando a Administração regras objetivas para a admissão de servidores para cargos em comissão, estará ela vinculada ao exaurimento do que estabeleceu.

Questão interessante é a que diz respeito à possibilidade de transposição de um regime jurídico para outro. Como o concurso público para investidura em cargo ou emprego público é previsto por lei, inadmissível que possa validamente a Administração Pública, por ato próprio, transpor servidor público para emprego público ou vice-versa. Sua ação seria absolutamente ilegal.

No entanto, a questão interessante se torna duvidosa, quando a transposição se opera mediante lei. Por conseguinte, se a lei determina a transposição de um emprego público para um cargo público, em que o empregado público se submeteu a concurso público tendo eles atribuições idênticas, penso que se trata de uma mera irregularidade absolutamente sanável. A mudança de natureza jurídica do vínculo deve respeitar o direito adquirido. Assim, o empregado ou o servidor público devem ter o direito à opção. Não aceitando a mudança de regime, permanecerá ele vinculado ao regime anterior, passando a Administração Pública a contar com dois regimes jurídicos até que inexista mais empregado ou servidor público regido pelo regime em extinção. O que caracteriza inconstitucionalidade da lei é se tal transposição se operar entre empregados temporários para servidor público porque a mudança feriu o princípio da necessidade de concurso público, constituindo-se uma verdadeira burla ao comando constitucional.

6 – Da natureza e complexidade do cargo ou emprego

O terceiro requisito integrador do princípio da necessidade de concurso público para ingresso na Administração Pública é a sua vinculação à natureza e complexidade do cargo ou emprego público.

A Emenda Constitucional nº 19, de 4.6.1998, outorgou competência legislativa ordinária para que o concurso público pudesse ser regrado, levando-se em consideração a *natureza* e a *complexidade do cargo ou emprego.*

Natureza, na acepção constitucional imposta pelo constituinte derivado, significa espécie ou a qualidade de alguma coisa, e *complexidade*, o conjunto de circunstâncias ou elementos que vinculam essa mesma coisa.

Portanto, quando a Constituição Federal estabelece que o concurso público deverá ser implementado "de acordo com a natureza e complexidade do cargo ou emprego", está dizendo que essa forma de investidura necessariamente deverá considerar a espécie ou qualidade do cargo ou emprego público e as circunstâncias ou elementos que os norteiam. Ou, em outras palavras, para a investidura em qualquer cargo ou emprego público, o legislador obrigatoriamente deverá levar em consideração o tipo de cargo ou emprego e suas especificidades. Para cargos ou empregos diferenciados, um concurso público com regras diferenciadas.

Diante disso, é possível concluir-se, por exemplo, que as regras de um concurso público, mesmo que a aferição de conteúdo envolva conhecimentos jurídicos, para advogado público ou magistrado, não podem ser idênticas porque a *natureza* e *complexidade* dos cargos são bem distintas.

Numa demonstração de que o concurso público deve ser específico para o cargo ou emprego público que a Administração Pública deseja prover, a Emenda Constitucional n° 51, de 14.02.2006, que acrescentou os §§ 4°, 5° e 6° ao art. 198 da Constituição Federal, estabeleceu que os gestores locais do SUS (Sistema Único de Saúde)[18] poderão admitir agentes comunitários de saúde por meio de processo seletivo público, de *acordo com a natureza e complexidade de suas atribuições e requisitos específicos para sua atuação*, dispondo a lei federal sobre o regime jurídico e a regulamentação das atividades de agente comunitário de saúde e de combate às endemias.[19]

A natureza e a complexidade do cargo ou emprego público devem ter dicção legal prévia, salvo se houver delegação legislativa para que a Administração Pública supra a lacuna da lei. Não havendo, as exigências editalícias são ilegais e devem ser controladas administrativamente ou através do Poder Judiciário, por serem absolutamente nulas, não produzindo qualquer direito para a Administração ou para os concorrentes.

---

[18] A respeito deste tema, ver obra *Elementos de Direito da Saúde*, Departamento de Artes Gráficas do Tribunal de Justiça do Estado do Rio Grande do Sul, 2006.

[19] Em verdade, a Emenda Constitucional n° 51/2006, retirou da Administração Pública Estadual e Municipal a competência para estabelecer o regime jurídico dos agentes comunitários de saúde e de agentes de combate às endemias que passa agora a ser regrado por lei federal. A pretensão do constituinte derivado é de uniformizar as ações destes agentes comunitários de saúde e de combate às endemias através da fixação de um único regime jurídico.

De outro lado, a Emenda Constitucional também regrou quanto à forma de ingresso desses agentes. De forma expressa. estabeleceu que eles seriam admitidos *por meio de processo seletivo próprio, de acordo com a natureza e complexidade de suas atribuições e requisitos específicos para sua atuação (art. 1°, que deu nova redação ao art. 198, § 4°, da CF)*. Ora, como a regra geral de ingresso na Administração Pública fixada pelo art. 37, inciso II, da mesma CF, *é* através do concurso público de provas ou de provas e títulos, poder-se-ia concluir que a emenda constitucional teria criado uma nova exceção à regra geral do concurso. Esta conclusão seria equivocada porque processo seletivo é mero sinônimo de concurso público. Em verdade, a ênfase da emenda, como já dito, foi de centralizar comandos para ingresso nessa importante advidade administrativa. O gestor local do Sistema Único de Saúde (o SUS tem participação federal, estadual e municipal), poderá admitir através de processo seletivo público regrado por lei federal, e não através de regras próprias.

Embora a novel emenda retire dos Estados e dos Municípios competência legislativa e administrativa, é razoável admitir-se que, sendo "*a saúde um direito de todos e um dever do estado, garantido através de políticas sociais e econômicas que visem à redução do risco de doença e de outros agravos e ao a cesso universal igualitário às ações e serviços para sua promoção, proteção e recuperação*" (Art. 196, *caput*, da Constituição Federal), os servidores públicos que a implementarão devam ter atribuições uniformes. A lei estadual ou municipal que criar os cargos de agentes comunitários de saúde e de agentes de combate às endemias e regrar sobre o processo seletivo público estarão vinculadas ao que for estabelecido na lei federal.

7 – Das modalidades de concurso público

O quarto requisito intrínseco ao princípio da necessidade de concurso público para ingresso na Administração Pública diz respeito às modalidades colocadas pelo constituinte à disposição da Administração.

O art. 37, inciso II, da Constituição Federal estabelece que o concurso público pode ser de duas modalidades:

a) *concurso de provas*;

b) *concurso de provas e títulos*.

Portanto, a investidura no cargo ou emprego público não será possível através de concurso público apenas de títulos, como ocorre na atividade privada ou ocorria na Administração Pública antes da vigência da Constituição de 1967.

7.1 – Concurso de provas

Concurso de provas é a modalidade de concurso público de aferição de conhecimentos técnicos pertinentes ao cargo ou emprego público.[20] Esta aferição pode ocorrer através de aplicação de:

a) provas objetivas;

b) provas discursivas escritas ou orais;

c) estágio de avaliação.

Prova objetiva é a modalidade de concurso público de provas em que são oferecidas aos candidatos premissas prontas para que este escolha a correta ou a incorreta.

Esta modalidade de concurso é a mais utilizada pela Administração Pública nos concursos públicos para preenchimento de grande número de cargos ou empregos idênticos e que possuem alta rotatividade, como é o caso do magistério, diante do grande número de candidatos que sempre acorrem a esse certame, e a dificuldade que uma prova discursiva escrita pode acarretar tanto pela demora na sua correção como pela ausência de parâmetros uniformes para essa mesma correção.

---

[20] A Constituição do Estado do Rio Grande do Sul estabelece que "as provas deverão aferir, com caráter eliminatório, os conhecimentos específicos exigidos para o exercício do cargo" (art. 20, § 1º)

É sabido, porque isso faz parte da natureza humana, que a repetição de correção de provas subjetivas ou mesmo o cansaço que disso decorre são fatores que podem alterar a aferição isonômica. Sei, por experiência própria de professor e membro da Comissão de Concurso para Juiz de Direito substituto do Tribunal de Justiça do Estado do Rio Grande do Sul por 6 anos, que o apuro técnico da correção das primeiras provas sofre variação com o passar do tempo. O cansaço mental decorrente da repetição da correção modifica a aferição positiva ou negativamente.[21] Esta é uma crítica razoável que pode ser feita à implementação de prova discursiva escrita exclusiva para concursos públicos que envolvam um grande número de candidatos.

As respostas dadas na prova objetiva são transpostas para planilhas e submetidas à leitura ótica, o que pode garantir um critério objetivo puro de correção.

É certo que esta modalidade de prova sofre críticas especialmente por parte dos candidatos porque lhes retiraria "aquele algo mais" que cada um imagina ter impossibilitado vôos intelectuais mais altos. No entanto, é possível se responder a tal crítica com a sustentação de que, como não se pode na prova objetiva perguntar-se sobre temas duvidosos ou dar-se como correta ou incorreta premissas que não tenham um alto padrão de aceitação técnica, salvo se expressamente previstas no edital, as questões deverão sempre ser formuladas sobre temas que tenham previsão legal, aceitação doutrinária plena ou que, se formuladas sobre temas excepcionais, tenham sido eles previstos no edital. Dessa forma, como regra de segurança na formulação das questões objetivas, em tese, são sempre os temas gerais, e não os excepcionais ou duvidosos que serão perguntados pelo simples fato de que, se a questão proposta pode ser possível de outra resposta, ela se torna nula,

---

[21] Como membro da Comissão de Concurso para Juiz de Direito substituto do TJ/RS de 2000 até 2006, na correção da prova de sentença civil, sempre tomei como parâmetro de correção a leitura prévia de todas as provas com aplicação do critério objetivo criado antecipadamente pela Comissão para a situação enfocada no processo temático, separando aquelas que preenchiam o maior grau de exigência e escolhendo dentre estas aquela que se sobressaía das demais pela análise técnica, narrativa lógica e escorreita. Aplicada a nota nesta prova parâmetro, as notas das demais eram com ela cotejadas. Corrigidas as provas de sentença, elas eram submetidas a um outro membro da comissão que agia na função de revisor. As divergências surgidas na correção e na revisão eram dirimidas no âmbito da Comissão para, só depois, serem publicadas. Esse critério de correção é típico da discricionariedade *interna corporis* do Tribunal de Justiça do Estado do Rio Grande do Sul, podendo ser outro em novo concurso público que o Tribunal venha a realizar. Se esta discricionariedade é aplicável dentro de um mesmo órgão, imagine-se nos concursos para juiz de direito dos demais estados ou mesmo para juiz federal.

possibilitando o controle administrativo de ofício ou através de recurso do interessado ou mesmo o controle judicial da referida questão.

Prova discursiva escrita é a modalidade de concurso de prova onde a Administração Pública procura aferir o grau de conhecimentos técnicos do candidato sobre determinados temas previstos anteriormente no edital, outorgando-lhe uma certa parcela de discricionariedade de explanação de pensamento na sua sustentação.

Em geral, esta modalidade de prova é aplicada ou numa etapa posterior do concurso, em que já há uma redução considerável dos candidatos pela não-superação da prova objetiva ou em concurso onde a fluência dos candidatos é limitada pela própria exigência do cargo ou emprego a preencher.[22] Penso que na realização desta prova a comissão de concurso deve elaborar parâmetros objetivos de correção mínimos e com isso evitar que pendores pessoais dos seus membros possam influir na correção da prova. Para a comissão de concurso, a prova discursiva escrita é muito cansativa e pode levar a alguns percalços, como já mencionado anteriormente.

Prova discursiva oral é a modalidade de concurso de prova em que a Administração Pública contata diretamente com o candidato, que nos concursos de massa era um número e agora tem um nome e um rosto, e o submete a nova aferição de conhecimentos técnicos, alinhado a isso a forma de como exterioriza seu conhecimento. Essa modalidade de prova tem sofrido muitas críticas, especialmente pelos candidatos que alegam não tomar conhecimento das razões dessa ou daquela nota.[23]

A exigência da prova discursiva oral quase sempre se vincula a concurso público para preenchimento de cargo ou emprego público

---

[22] As provas de sentenças cível e criminal realizadas pela Comissão de Concurso para juiz substituto do Tribunal de Justiça do Estado do Rio Grande do Sul são exemplos de provas discursivas escritas. Através delas, o candidato a juiz não só demonstra seu apuro técnico em proferir sentenças como seu conhecimento propedêutico a respeito da tese jurídica posta em aferição.

[23] As provas orais realizadas pela Comissão de Concurso do Tribunal de Justiça do Estado do Rio Grande do Sul versam sobre conteúdos jurídicos de vários ramos do direito previamente especificados no edital, sendo cada matéria examinada em dia próprio, de forma estanque e concomitantemente por dois membros da comissão titulares ou convidados para o ato, embora não seja permitida sua gravação. Para ensejar ao candidato a aferição do que dissera em sua dissertação oral e espancar dúvidas a respeito da subjetividade da nota, sempre usei o critério de fundamentar o acerto ou erro de sua sustentação, após cada afirmação, ou posteriormente, dependendo da forma de explanação que fora utilizada. Parece-me um critério razoável. Para uma prova oral, uma fundamentação oral.

onde haja necessidade de trato público pelo agente. São exemplos na área vinculada ao direito os concursos públicos para preenchimento dos cargos de magistrado e de Ministério Público.

Prova de estágio de avaliação é a modalidade de concurso de prova recentemente implantada por algumas administrações públicas e que visa a aferir, ainda na constância do concurso, se o candidato tem condições técnicas e pessoais para exercer o cargo pretendido. Em verdade, é uma antecipação daquilo que deveria se fazer no estágio probatório, ou naquele período pós-concurso, mas que historicamente não tem muita eficiência.

Essa modalidade de prova é aplicada pelo Tribunal de Justiça do Estado do Rio Grande do Sul no seu concurso para juiz de direito substituto e constitui a fase intermediária do certame.

O estágio de avaliação integra a fase intermediária do concurso para juiz de direito. Nele são matriculados, no máximo, os 60 primeiros classificados. Seu prazo de duração é de 60 dias e é realizado após a prova objetiva, ou *provão*, e de sentenças cível e criminal. Os candidatos-estagiários são remunerados com bolsa de estudos de valor correspondente a 50% do que ganha um juiz de direito substituto, e deles são exigidos a elaboração de decisões civis e penais de processos reais, a realização de audiências em juizados especiais, além de conhecimentos de funções tipicamente administrativas, tudo isso através de cronograma previamente estabelecido pela Corregedoria-Geral de Justiça com a colaboração da Escola Superior da Magistratura do Rio Grande do Sul e a supervisão da Comissão de Concurso. O estágio é reprobatório. O candidato que não atingir a média 6,0 poderá ser eliminado do certame. Os professores-examinadores são quase todos juízes de direito com larga experiência.[24]

---

[24] A Resolução nº 428/2002, do Conselho da Magistratura, que regrou a realização do último concurso para juiz de direito substituto do Estado do Rio Grande do Sul assim definiu a aferição dos candidatos no estágio de avaliação:
Art. 13 ...
§ 9º A Comissão do Estágio especificará os temas a serem desenvolvidos a partir das matérias constantes do edital. Os estagiários serão submetidos à avaliação mediante provas e elaboração de trabalhos práticos ligados á atividade jurisdicional, levando-se em conta os níveis de qualidade e de quantidade apresentados pelo estagiário.
...
§ 12 A aptidão para o exercício da Magistratura será aferida em função da adequação e da capacidade demonstrada pelo candidato de desempenhar atos e atividades inerentes ao cargo e pela correção, presteza e segurança demonstradas no desempenho dos exercícios teóricos e práticos que lhe forem solicitados.

Essa experiência tem dado excelente resultado, porque permite que a Comissão do Concurso possa aferir as verdadeiras capacidades para o duro mister de ser juiz de direito e, de outro lado, tem permitido que antecipadamente se descubra a inapetência de candidatos para o cargo.

7.2 – Concurso de provas e títulos

Concurso de provas e título é a modalidade de concurso público onde se alinham, em primeiro lugar, todas as etapas do concurso de prova e, em segundo, se afere sobre os títulos do candidato.

Como no concurso de provas, quando o questionamento deve se referir ao cargo ou emprego objeto do concurso público, os títulos do candidato devem manter relação direta ou indireta com o cargo ou emprego público

O concurso de títulos é sempre um *plus* ao concurso de provas. Inexiste de forma autônoma.

O concurso de títulos, em geral, representa apenas uma melhor classificação do candidato. A regra é de que ele nunca ultrapasse 10% pontuação.[25]

Os títulos são previamente classificados no edital de abertura de concurso.[26]

---

[25] A Constituição do Estado do Rio Grande do Sul, no art. 20, § 2º, estabelece que "os pontos correspondente aos títulos não poderão somar mais de vinte e cinco por cento do total dos pontos do concurso".

[26] Segundo o art. 30, da Resolução nº 428/2002, do Conselho da Magistratura, editada como comando para o último concurso para Juiz de Direito do Estado do Rio Grande do Sul, constituem títulos:
a) *exercício da judicatura*: peso máximo de 8 pontos, se o tempo de exercício for superior a 24 meses; peso máximo de 6, se inferior;
b) *exercício do cargo de Pretor*: peso máximo de 7 pontos, se o tempo de exercício for superior a 24 meses; peso máximo de 6 pontos, se inferior, ponderadas, na valoração, a segurança e a presteza no exercício da jurisdição;
c) *exercício de cargo do Ministério Público, Procuradoria do Estado ou Defensoria Pública*: peso máximo de 7 pontos, se o exercício for superior a 24 meses; de 6 pontos, se inferior;
d) *exercício efetivo da advocacia pelo prazo mínimo de 5 anos*: peso máximo de 7 pontos;
e) *exercício do magistério jurídico, desde que o candidato tenha sido admitido no corpo docente através de processo seletivo, ou esteja em atividade por tempo superior a 3 anos*: peso máximo de 5 pontos;
f) *aprovação em concurso para judicatura, Ministério Público, Procuradoria do Estado, Defensoria Pública ou magistério jurídico, desde que não sejam computados pontos com base nas letras a, b e d*: peso máximo de 4 pontos;
g) *autoria de livro com apreciável conteúdo jurídico*: peso máximo de 5 pontos; *trabalho jurídico- pareceres, teses, estudos, conferências*: peso máximo de 3 pontos;

8 – Da abrangência

A exigência do concurso público como forma de ingresso nos cargos ou empregos públicos é princípio norteador de toda Administração Pública, consoante comando constitucional.

O conceito de Administração Pública para fins de cumprimento da norma constitucional abrange a *administração pública direta e indireta de qualquer dos Poderes da União, dos Estados, do Distrito Federal e dos Municípios,* consoante disposição do art. 37, *caput*, da Constituição Federal.[27]

8.1 – Administração Pública Direta

A Administração Pública Direta abrange a União, os Estados-Membros, o Distrito Federal e os Municípios e, por serem integrantes destas pessoas, todos os seus órgãos.

Portanto, qualquer destes entes públicos que pretenda admitir servidores ou empregados públicos está obrigado à realização de concurso público.

---

h) *exercício de função pública que exija admissão mediante concurso e amplos conhecimentos jurídicos*: peso máximo de 4 pontos;
i) *exercício da função pública que exija amplos conhecimentos jurídicos*: peso máximo de 2 pontos;
j) *cumprimento de estágio junto ao Poder Judiciário*: peso máximo de 2 pontos;
k) *curso de preparação à Magistratura, realizado em convênio com o Tribunal de Justiça, com nota de aproveitamento*: peso máximo de 4 pontos; *apenas com certidão de freqüência*: peso máximo de 2 pontos;
l) *curso de extensão teórico prático de decisões judiciais resultante de convênio firmado entre o Tribunal de Justiça e a Escola Superior da Magistratura da Ajuris*: peso máximo de 2 pontos;
m) *curso de extensão sobre matéria jurídica, com mais de 50 horas-aula, com nota de aproveitamento ou trabalho de conclusão de curso ministrado por professor de notória capacidade docente*: peso máximo de 2 pontos;
n) *diploma de Curso de Especialização*: peso máximo de 4 pontos; *de Aperfeiçoamento*: peso máximo de 3 pontos;
o) *diploma de Livre-Docente ou de Doutor*: peso máximo de 8 pontos, *e de Mestre*: peso máximo de 6 pontos;
p) *Láurea universitária no curso de bacharelado em direito*: peso máximo de 3 pontos.
[27] O art. 37, *caput*, da Constituição Federal, tem esta redação:
Art. 37. A administração pública direta e indireta de qualquer dos Poderes da União, dos Estados, do Distrito Federal e dos Municípios obedecerá aos princípios da legalidade, impessoalidade, moralidade publicidade e eficiência e, também, ao seguinte:

8.2 – Administração Pública Indireta

A Administração Pública Indireta é composta pelas *autarquias, empresas públicas, sociedades de economia mista* e *fundações públicas*.

A primeira, típica pessoa jurídica de direito público, é criada por lei e, as demais, pessoas jurídicas de direito privado, são criadas através do registro de seus atos constitutivos em órgãos de registro privados próprios, dependendo estes atos, no entanto, de existência de prévia lei autorizativa federal, estadual ou municipal da órbita da Administração Pública respectiva.

Esta inovação decorreu da Emenda Constitucional nº 19/98, que mudou o então entendimento de que deveriam ser criadas por lei, na esteira do Decreto-Lei nº 200/67.[28]

Embora as pessoas privadas integradoras do conceito de Administração Pública indireta tenham os seus atos na maior parte como de natureza jurídica privada, passam a integrar o campo do direito público quando procurarem preencher os seus empregos públicos.

É interessante notar que os atos praticados pelas pessoas jurídicas de direito privado integrarão o conceito de atos administrativos quando da realização do concurso público porque, para esse mister, por força constitucional, são consideradas administração pública. Isso também ocorre na prática de atos envolvendo licitações e contratos administrativos, na aferição de improbidade administrativa e na criminalização de seus empregados como funcionários públicos.

9 – Das exceções ao concurso público

A regra de ingresso no cargo ou emprego público se opera através de concurso público. Este é o comando constitucional vinculador a toda Administração Pública.

---

[28] O dispositivo constitucional está assim redigido:
Art. 37. ...
XIX – somente por lei específica poderá ser criada autarquia e autorizada a instituição de empresa pública, de sociedade de economia mista e de fundação, cabendo à lei complementar, neste último caso, definir as áreas de sua atuação.

No entanto, a própria Constituição Federal excepciona esta regra em momentos bem distintos:

a) na nomeação dos cargos em comissão;

b) na contratação temporária de excepcional interesse público;

São apenas essas duas, portanto, as únicas formas de ingresso em cargo ou emprego público sem a realização de concurso público.

9.1 – Cargos em comissão

Cargo em comissão é também chamado de *cargo de confiança* e constitui o exercício a título precário ou em comissão de cargo público, por pessoa estranha ao quadro dos servidores públicos, de livre escolha do chefe de governo e por isso mesmo demissível *ad nutum*.[29]

Para J. Cretella Júnior:

> Caracterizam-se os *cargos em comissão* por serem de *confiança* e poderem seus titulares ser demissíveis *ad nutum*, não devendo, de modo algum, ser confundidos com os de exercício temporário, cujo poder legal é conferido para certo tempo, como acontece com os deputados ao Parlamento.[30]

A Constituição Federal não deixou qualquer dúvida ao declarar que os *cargos em comissão* são específicos para aqueles cargos típicos de *direção*, *chefia* e *assessoramento*, consoante o disposto no seu art. 37, inciso V.[31] Assim está o legislador ordinário obrigado somente a criar cargos em comissão dentro dos limites especificados na Lei Maior. A criação de tais cargos fora do limite caracteriza inconstitucionalidade, que é a nulidade maior a atingir a Administração Pública.

Declarada a inconstitucionalidade de lei que cria cargos em comissão além dos limites constitucional, o servidor público nomeado deve ser exonerado, não podendo alegar direito adquirido, já que só se adquire direito sobre ato jurídico perfeito. Divergem a doutrina e a jurisprudência apenas quantos aos efeitos: se *ex tunc* (desde o momento

---

[29] *Ad nutum* é termo latino que significa à vontade de uma das partes. No direito administrativo, significa a possibilidade de demissão do servidor público tão-só pela vontade do administrador, sem necessidade de causa justificada.

[30] CRETELLA JÚNIOR, José. *Curso de Direito Administrativo*, p. 450.

[31] O dispositivo tem a seguinte redação:
Art. 37. ...
V – as funções de confiança, exercidas exclusivamente por servidores ocupantes de cargo efetivo, e os cargos em comissão, a serem preenchidos por servidores de carreira nos casos, condições e percentuais mínimos previstos em lei, destinam-se apenas às atribuições de direção, chefia e assessoramento.

da edição da lei) ou *ex nunc* (apenas a partir do momento da declaração de inconstitucionalidade).[32]

É possível se detectar na jurisprudência certo abuso na criação de cargos em comissão que, no entanto, tem sido controlado pelo Poder Judiciário através de julgamento procedente de ADIns ou até excepcionalmente por mandado de segurança contra a execução do decreto regulamentador de lei inconstitucional.[33]

---

[32] O Órgão Especial do Tribunal de Justiça do Estado do Rio Grande do Sul tem declarado a inconstitucionalidade de várias leis municipais que extrapolam os limites constitucionais.

[33] Ao tratar de Servidor público de cargo em comissão, no meu *O Município e seus Agentes*. Porto Alegre: Livraria do Advogado, 2002, p. 163/165, diz o seguinte:
"5.1. Generalidades
A Constituição Federal, art. 37, inciso II, admite que qualquer Administração Pública possa preencher *cargos em comissão*, o que significa dizer que o Município, por lei, pode estabelecer que determinados cargos sejam preenchidos sem a necessidade de prévio concurso público. É também chamado de *cargo de confiança*.
É bom que se enfatize: a lei, e somente ela, é que deverá fixar quais os cargos públicos municipais serão preenchidos na modalidade de cargos em comissão. Se não houver previsão legal de existência dos cargos em comissão, o Administrador Público Municipal, Prefeito ou Presidente da Câmara, será responsabilizado pessoalmente se admitir estes servidores, constituindo a nomeação explícita ilegalidade.
Como estes servidores públicos são admitidos por pura conveniência da Administração Pública, também são exonerados sem maiores formalidades, por simples ato administrativo. Todavia, se a exoneração ocorrer por descumprimento de dever funcional do servidor, fato expressamente imputado, mesmo a precariedade do cargo em comissão impõe a necessidade de processo disciplinar, porque, na condição de litigante, a Constituição Federal, no art. 5º, inciso LV, lhe assegura esse direito (Ver também matéria a esse respeito em Servidor Público – Penalidades).
5.2. Natureza jurídica do cargo em comissão.
Cargo em comissão é a modalidade de provimento de cargo público por nomeação, sem concurso público, prevista excepcionalmente pela Constituição Federal (art. 37, inciso V), a serem preenchidos preferentemente por servidores de carreira, em condições e percentuais mínimos estabelecidos na lei municipal e se destinam apenas às atribuições de direção, chefia ou assessoramento. Por via de conseqüência, o detentor de cargo em comissão é servidor público especial.
5.3. Direitos e deveres dos detentores de cargo em comissão.
O detentor de cargo em comissão é servidor público especial, como já foi dito.
Embora a nomeação independa de concurso público, o nomeado para o cargo em comissão deve preencher os requisitos básicos para a investidura em cargo público, como:
a) ser brasileiro, nato ou naturalizado;
b) estar no gozo de seus direitos políticos;
c) estar quites com suas obrigações eleitorais e, se homem, com as militares;
d) ter nível de escolaridade exigido para o exercício do cargo;
e) ter idade mínima fixada em lei para ingressar no serviço público;
f) ser apto física e mentalmente.
A lei pode exigir outros requisitos especiais inerentes ao cargo.
Declarado inapto, física ou mentalmente, a nomeação deverá ser tornada sem efeito. Penso que a declaração de inaptidão, mesmo para o servidor nomeado para cargo em comissão, se a revogação decorrer de tal manifestação, deve possibilitar o contraditório, a ampla defesa e o recurso administrativo. Nada impede que a administração municipal, por puro critério discricionário, simplesmente torne sem e feito o ato de nomeação.
Afastada a necessidade de concurso público para a nomeação do servidor de cargo em comissão,

Questão que tem sido tratada com grande repercussão diz respeito com a nomeação de parentes para cargos em comissão ou do chamado *nepotismo*.

Nepotismo vem de *nepote*, que é como se chama o sobrinho do Papa, e o termo foi popularizado pelo poder que o sobrinho do Papa e outros parentes exerciam na administração eclesiástica. Vulgarmente, *nepotismo* significa a nomeação de parentes por autoridade administrava para cargo em comissão.

É bom que se diga que não há vedação expressa na Constituição Federal a esse respeito. Mas, por exegese, é possível entender-se que a nomeação de parentes para cargos públicos em comissão fere o princípio da moralidade, porque a vinculação familiar naturalmente retira do superior hierárquico nomeante a plenitude de exigir de seu parente a exação que o cargo exige.

Apesar do silêncio da Constituição Federal, a Constituição do Estado do Rio Grande do Sul, no entanto, tratou do tema quando, no art. 20, § 5º, estabeleceu que os cargos em comissão não poderiam ser ocupados por cônjuges ou companheiros e parentes, consangüíneos, afins ou por adoção, até o segundo grau do Governador, do Vice-Governador, do Procurador-Geral do Estado, do Defensor Público-Geral do Estado e dos Secretários de Estado, ou titulares de cargos que lhe sejam equiparados, no âmbito da administração direta do Poder Executivo; dos Desembargadores e juízes do 2º grau, no âmbito do Poder Judiciário; dos Deputados Estaduais, no âmbito da Assembléia Legis-

---

no entanto, fica ele obrigado a tomar posse e a entrar em exercício nos prazos estabelecidos em lei para o servidor efetivo, sob pena de o ato de posse ser tornado sem efeito.

Aplicam-se ao servidor público detentor de cargo em comissão todos os demais direitos e deveres aplicados ao servidor público efetivo, salvo aqueles que pela própria estrutura do cargo são afastados, como a nomeação mediante prévio concurso público, a aquisição de estabilidade, a demissão através de processo administrativo e o regime previdenciário público, já que apenas aos servidores públicos efetivos é assegurado esse regime (art. 40 e art. 40, incisos 2º e 3º, da CF).

Afastada as exceções, deve a lei municipal fixar como direitos e deveres do servidor público detentor de cargo em comissão aqueles aplicados ao servidor público efetivo, como:
a) vencimento e vantagens fixados em lei;
b) gratificações;
c) adicionais;
d) licenças;
e) férias;
f) direito de petição;
g) tempo de contribuição para a aposentadoria na previdência geral;
h) regime disciplinar próprio."

lativa; dos Procuradores de Justiça, no âmbito da Procuradoria-Geral de Justiça; dos Conselheiros e Auditores Substitutos de Conselheiros, no âmbito do Tribunal de Contas do Estado, e dos Presidentes, Diretores-Gerais, ou titulares de cargos, no âmbito da respectiva autarquia, fundação instituída ou mantida pelo Poder Público, empresa pública ou sociedade de economia mista.

No âmbito do Poder Judiciário, o Conselho Nacional de Justiça, órgão de controle administrativo, financeiro e do cumprimento dos deveres funcionais dos juízes em todo País, baixou resolução proibindo a nomeação de parentes até o terceiro grau. A resolução foi julgada constitucional pelo STF, sob o entendimento de que, embora não havendo vedação expressa, a questão era imoral.

No âmbito do Ministério Público, o Conselho Nacional do Ministério Público estendeu a proibição ao chamado *nepotismo cruzado*. Ou seja, no âmbito administrativo de qualquer Ministério Público, não poderão ser nomeados parentes de autoridades dos outros Poderes.

Algumas entidades de classe, como a AMB (Associação dos Magistrados Brasileiros) e a AJURIS (Associação dos Juízes do Rio Grande do Sul), lutam para que a proibição de nomeação de parentes atinja também os Poderes Executivo e Legislativo.

9.2 – Contratação temporária de excepcional interesse público

A realização de concurso público é a regra de ingresso na Administração Pública, caracterizando a contratação temporária de excepcional interesse público uma de suas exceções. Essa modalidade de ingresso tem previsão no art. 37, IX, da Constituição Federal, cuja redação é a seguinte:

Art. 37 ...

IX – a lei estabelecerá os casos de contratação por tempo determinado para atender a necessidade temporária de excepcional interesse público.

Como se pode observar do dispositivo constitucional, a desnecessidade de realização de concurso público exige o cumprimento de 4 requisitos:

a) previsão legal:

b) contratação por tempo determinado;

c) necessidade temporária;

e) excepcional interesse público.

Previsão legal – A contratação temporária de excepcional interesse público tem que ser estabelecida em lei específica, de onde se concluiu que não se trata de exercício discricionário da Administração Pública. A contratação temporária é ato vinculado à prévia existência de lei que estabelecerá como, quando e de que forma os servidores temporárias serão nomeados, seus direitos, deveres e quando ocorrerá a extinção desse vínculo. Adstrito à lei, não tem o administrador público qualquer liberdade de dicção aquém ou além do que foi dito pelo legislador.

Contratação por tempo determinado – Um dos requisitos na contratação temporária de excepcional interesse público é a fixação temporal do vínculo. É também chamado de *tempo certo*.

O tempo determinado ou certo poderá ser fixado por dia e mês. Embora em teoria geral de direito o tempo determinado ou certo possa ser também fixado por ano, tal fixação no contexto da contratação temporária de excepcional interesse poderia subvertê-lo já que nesse período seria possível a realização de concurso público, portanto de aplicação da norma geral.

Necessidade temporária – Não basta que a contratação seja fixada por tempo certo. É preciso que essa contratação tenha por objeto circunstância indispensável, essencial ou inevitável que dure apenas algum tempo. A contratação será por *tempo certo* na medida da provisoriedade da necessidade.

Não é o legislador que fixará a medida temporal para a contratação como se fora manifestação política pura de seu poder de legislar. Deverá, isto sim, tomar como base legislativa a real necessidade da contratação.

Tome-se, por exemplo, a contratação temporária de professores em decorrência de aposentadoria de professores efetivos ou mesmo por aumento da demanda de alunos nas salas de aulas. A lei permissiva deverá fixar a temporariedade dessa contratação tomando por base o tempo razoável para a realização de concurso público para preenchimento dos cargos vagos existentes. Considerando-se as peculiaridades do ensino público, um concurso público para o magistério poderá mediar em 6 meses. A repetição da contratação temporária por não-realização do devido concurso público é imoralidade administrativa passível de controle pelo Tribunal de Contas pelo não-registro da nova contratação ou através de decisão judicial proferida em ação civil pública proposta pelo Ministério Público.

Excepcional interesse público – O quarto requisito para a contratação temporária é que haja excepcional interesse público.

Excepcional, do francês *exceptionnel*, é aquilo que é incomum, extraordinário ou não se enquadra na normalidade. Por sua vez, *interesse público* é aquele exigido para as necessidades comuns ou coletivas que, por isso mesmo, se sobrepõem ao interesse privado, limitando-o ou mesmo desprotegendo-o.

Dessa forma, a excepcionalidade à regra da necessidade de concurso público pela contratação temporária decorre da natureza incomum ou extraordinária do serviço a ser prestado e ainda que haja nítido interesse coletivo a proteger. Não basta a Administração Pública declarar a existência do excepcional interesse público para que se verifique a necessidade da contratação temporária. Sua manifestação não é vazia e exarável através do exercício do poder discricionário. Ela é cheia e lastreada na existência da real excepcionalidade. Manifestação desprovida dessa realidade é manifestação viciada, que pode levar ao controle do Tribunal de Contas ou do Poder Judiciário.

Sendo o concurso público um processo administrativo com várias etapas, sua superação demanda tempo razoável como são o prazo de inscrição, homologação da inscrição, prazo de recurso, aplicação da prova, correção de prova, publicação de resultado, novo prazo de recurso, publicação final dos aprovados, exame físico, psiquiátrico e psicológico, nomeação, posse e, finalmente, o exercício no cargo. A pura e simples nomeação, superando todas essas etapas, é uma exceção à regra geral plenamente razoável.

Reafirmando o que foi dito. Não pode a Administração Pública se afastar do comando constitucional e declarar a necessidade excepcional através de ato administrativo puro e simples. A Constituição Federal exige o prévio comando legal. De outro lado, não tem o legislador ordinário federal, estadual ou municipal o poder de declarar urgência na contratação, se, de fato, esta inexiste. A lei assim editada é inconstitucional.

Tem-se detectado na jurisprudência o não-provimento por concurso público de determinados cargos efetivos de grande importância e, depois, alegando a necessidade de preenchimento emergencial de tais cargos, o administrador público encaminha projeto de lei para preenchê-los, continuando na inércia de não realizar o concurso, renovando o pedido de urgência indefinidamente. Isso caracteriza imoralidade administrativa passível de controle pela Câmara Municipal, quanto aos atos administrativos municipais; pela Assembléia Legislativa ou Congresso Nacional, nas contas estaduais ou federais; pelos Tribunais de Contas de Contas Estadual ou da União ou pelo Poder Judiciário Estadual ou Federal.[34]

---

[34] Sobre esse tema já tive oportunidade de me manifestar quando tratei do Contratado temporário, no meu livro *O Município e seus Agentes*. Ob cit., nos seguintes termos:
"6.1. Generalidades
A Constituição Federal, no seu art. 37, inciso IX, estabelece que a lei pode fixar casos de contratação por tempo determinado para atender a necessidades temporárias de excepcional interesse público, é a comumente chama contratação temporária ou por tempo determinado, emergencial ou de excepcional interesse público. A autorização constitucional está assim expressa:
Art. 37. ...
IX – a lei estabelecerá os casos de contratação por tempo determinado para atender a necessidade temporária de excepcional interesse público.
A contratação temporária é uma forma especial de ingresso no serviço público que fica no meio-termo entre a regra que exige a aprovação prévia em concurso público como investidura nos cargos ou empregos públicos e as nomeações para cargo em comissão declarados em lei, já que de livre nomeação e exoneração. Isso porque a contratação temporária, dependendo da extensão do interesse público excepcional, pode exigir um processo seletivo simplificado, de ampla publicação, mas que não chega ao formalismo do concurso público em que é requisito obrigatório a realização de prova de conhecimentos técnicos específicos para o cargo a preencher, com a opção de a ele se agregar a exigência de títulos.
Embora a Constituição Federal, no primeiro momento, tivesse outorgado à lei limitação para definir em que situações ou casos a contratação temporária poderia ocorrer, no momento seguinte limitou o alcance legal desta contratação ao *excepcional interesse público*.
Interesse, em conceito jurídico, é o elemento intrínseco, o conteúdo subjetivo a ser protegido pelo direito. Dessa forma, quando o legislador constituinte faz referência a interesse público no art. 37, inciso IX, da Constituição Federal, está informando ao exegeta que a estrutura jurídica que pretende proteger diz respeito com o direito da coletividade, função própria do agir administrativo e que é elemento fundamental para a existência do próprio estado. No entanto, como a expressão *interesse público* foi precedida da palavra excepcional, que é aquilo que envolve exceção ou foge da normalidade, é de se concluir que a lei que definirá a contratação temporária somente deverá ser editada para atender *situações atípicas e sazonais de interesse público*.
6.2. Casos de excepcional interesse público para contratação temporária.
Poder ser elencados como casos típicos de contratação temporária pelo Município:
a) superveniência de calamidade pública;
b) necessidade de combate a surtos endêmicos;
c) admissão de professores substitutos e professor visitante;
d) outras situações de urgência que vieram a ser definidas em lei.
6.2.1. Calamidade pública – é o evento natural ou humano que cause grande desgraça pública; é uma catástrofe de grandes efeitos. Por sua característica excepcional, a calamidade pública tem consequências imprevisíveis para a administração. Assim, tendo como obrigação a busca de bem-estar geral seriamente atingido pela calamidade pública, a administração pública pode lançar mão dessa forma especial de ingresso no serviço público e contratar pessoas temporariamente. Por óbvio, que esta contratação deve durar o tempo necessário para a superação da calamidade. Contratação que dure além disso pode caracterizar desvio de finalidade e com isso responsabilizar o administrador, possibilitando o ajuizamento de ação civil pública por parte do Ministério Público.
6.2.2. Combate a sustos endêmicos – Entende-se por surto endêmicos o aparecimento repentino de uma doença em determinado lugar e que ataca um grande grupo de pessoas. De outro lado,

o Estado, conceito no qual se insere o Município, em o dever de zelar pela saúde de todos (art 196 da CF) e na execução desse seu mister deve alocar anualmente recursos correspondente a 15% (quinze por cento) do produto da arrecadação de seus impostos (IPTU, ITBI E ISSQ) e das repartições em receitas de outros entes federados (IR, ITR, IPVA e ICMS), conforme o art. 77, inciso III, do Ato das Disposições Constitucionais Transitórias, com a redação que lhe deu a Emenda Constitucional nº 29, de 13 de setembro de 2000. Por via de conseqüência, constituindo o surto endêmico uma anormalidade no tratamento dispensado para a saúde de todos, tem o Município legitimidade para contratar temporariamente pessoal e com isso debelar a doença. Como na calamidade pública, o praza de duração da contratação emergencial deve ser razoável. A continuidade do contrato inexistindo mais surto endêmico vicia o proceder administrativo com todas as conseqüências resultantes.

6.2.3. Professores substitutos e professor visitante – Como a saúde, a educação é direito de todos e dever do Estado e da família (art. 205 da CF). Para a execução deste serviço público, a Constituição Federal outorga ao Município, com prioridade a responsabilidade pelo ensino fundamental e a educação infantil (art. 211, § 2º). Assim, para implementar este serviço, o Município deve criar cargos efetivos de professores, outorgado-lhes carreira própria. Dessa forma, ocorrendo vacância nestes cargos, o que é muito freqüente, pela imperiosidade de preenchimento desses cargos, pode o ente público se utilizar da permissão constitucional e contratar professores substitutos por tempo determinado. O que não deve ocorrer é o uso da contratação temporária de professores de forma continuada, pois isto pode travestir uma verdadeira burla à exigência do concurso público. O Tribunal de Conta, o Ministério a Câmara de Vereadores, ou mesmo o Poder Judiciário, por provocação, podem controlar a abusividade de contratação temporária de professores substitutos quando repetidas a despropositadas.

Pode constituir causa de excepcional interesse público a contratação de professor visitante. Aqui, diferentemente da contratação de professor substituto, a contratação não é para preencher cargos vagos de forma temporária, mas acrescimento de professor ao quadro já existente. O certo é que este contratação excepcional só deve se verificar em situações anormais. Por exemplo, o Município quer implantar uma nova estrutura de ensino fundamental ou de educação infantil e precisa que professores de fora, conhecedores da sistemática a ser implantada, ministrem conhecimento aos professores municipais durante determinado tempo. Não se pode confundir esta prestação de serviço, mesmo na forma especial de inexigibilidade licitatória, nos termos da Lei nº 8666/93. Lá, há uma subordinação hierárquica estatutária ou celetista que impõe ao contratado temporariamente obediência à lei.

6.2.4. Outras situações de urgência – Além destes casos exemplificados, a lei pode mencionar outras situações de urgência que tornem necessária a contratação temporária de pessoal. Evidentemente que a urgência tem que ter caráter de excepcionalidade do interesse público.

Nada impede que a lei municipal outorgue poderes ao Prefeito Municipal para que ele, diante do caso e na omissão da lei municipal, se utilize de outros conceitos legais de urgência para a ação da administração pública que vise proteger interesse público excepcional previsto no art. 37 inciso IX, da Constituição Federal.

É bom repetir que o texto constitucional não deixa qualquer dúvida que é a lei, e não a administração pública, que estabelecerá os casos em que a contratação temporária se fará necessária. Naturalmente, que importando essa contratação temporária no aumento de despesas públicas e impondo modificações da organização administrativa municipal, competência específica do Poder Executivo, a iniciativa da elaboração de uma tal lei é privativa do Prefeito Municipal. Na discussão legislativa, a Câmara Municipal poderá adequar o projeto, desde que não importe em aumento de despesas ou mesmo rejeitá-la ao entender que não existe excepcional interesse público. Aprovado projeto de lei criando contratação temporária de iniciativa da própria Câmara ou que importe em aumento de despesas, poderá ele ser vetado pelo Prefeito Municipal.

Derrubado o veto e transformado o projeto em lei, surge a inconstitucionalidade frente à Constituição Estadual, já que, pelo princípio da simetria, esta Carta não pode deixar de recepcionar princípios constantes na Constituição Federal, como são as iniciativas do Presidente da República quando a projetos de lei que importem em aumento de despesa e estruturação da organização administrativa. Adotando-se a simetria federal frente à Constituição Estadual, podem propor ação de inconstitucionalidade da lei no Tribunal de Justiça do Estado, o Governador do Estado, o Procurador-Geral de Justiça, o Prefeito Municipal, o partido político com representação na Câmara Municipal, o Titular da Defensoria Pública, as entidades de defesa do meio ambiente, dos direitos humanos e dos consumidores legalmente constituídas que tenham interesse no projeto de lei e as associações de bairro e entidades de defesa dos interesses comunitários, se a lei lhes disser respeito. Dando-se conta a Mesa da Câmara Municipal que a lei aprovada é inconstitucional nada impede que proponha a ação de inconstitucionalidade. Trata-se de um ato de grandeza institucional, mesmo porque seu silêncio não transformará a inconstitucionalidade em constitucionalidade.

A contratação temporária que tiver como base calamidade pública, em decorrência da própria urgência da situação, pode afastar qualquer processo de escolho de candidatos.

De qualquer forma, como o próprio nome diz, as pessoas contratadas nesta modalidade o são por prazo certo, expressamente fixados em lei. Caso contrário, como já dito, esta contratação pode-se caracterizar numa forma de burla à necessidade de concurso público, caracterizando o ato administrativo em desacordo com a lei municipal, ato ilícito, portanto passível de controle pela Câmara Municipal e pelo Poder Judiciário, na pessoa do Juiz de Direito da Comarca, com responsabilidade pessoal do administrador.

6.3. Natureza jurídica do contrato temporário

Na vigência do regime jurídico único, portanto, antes da Emenda Constitucional nº 19, de 4.6.1998, a contratação temporária tinha regência de relação jurídica pública de predominância estatutária porque este era o regime obrigatório para os servidores que integrassem a administração direta, das autarquias e fundações públicas. Em outras palavras, o contratado temporariamente desfrutava, enquanto durasse o contrato, de vários direitos do servidor público efetivo. Tanto que na órbita federal, por exemplo, a Lei nº 8.745, de 9.12.1993, expressamente estende aqueles direitos, através de seu art. 11.

No entanto, por força da Emenda Constitucional 19/98, houve flexibilização na forma de ingresso no serviço público, uma vez que o art. 39 da Constituição Federal, que impunha o regime jurídico com planos de carreira, sofreu redação absolutamente diferente, suprimindo a exigência até então existente. Portanto, se o regime único não é mais obrigatório, é facultada à administração pública a opção de adotar para os contratados temporariamente regime estatutário ou celetista.

A única diferença é que se a opção se der pelo regime estatutário especial, a administração especificará toda a estrutura do contrato temporário. Se a opção é pelo regime celetista, as regras remuneratórias que incidirão sobre a relação jurídica são aquelas previstas na Consolidação das Leis do Trabalho, imodificáveis na órbita municipal.

6.4. Direitos e deveres dos contratados temporários

Os direitos e os deveres dos contratos temporários deverão ser fixados na lei municipal qualquer que seja o regime jurídico por ela definido. Como a administração pública se rege por postulados legais próprios (*princípio da legalidade – art 37, caput, da CF*) os direitos e deveres dos contratados, respeitados para os celetistas ainda o que prevê a lei federal, deverão ser fixados na lei municipal.

Como a contratação é por tempo determinado, a lei deve estabelecer a duração do contrato e a possibilidade de a administração prorrogá-lo ou não, bem como as causas anormais de extinção, como por exemplo, a extinção antes do prazo por iniciativa da administração municipal ou do contratado, podendo fixar, em qualquer dos casos, o prazo de 30 (trinta) dias como prévio aviso, sujeitando a indenização por seu descumprimento pela parte que deu causa.

A remuneração, principal direito do contratado temporariamente, será fixada em lei, podendo ser tomados como parâmetro os cargos e empregos permanentes de igual atribuição, sem as vantagens de cunho pessoal, mas desde que fique respeitado o mínimo legal.

A lei municipal poderá estabelecer, ainda, como direitos e deveres do contratado temporariamente, qualquer que seja o regime jurídico que tenha optado:
a) vencimentos e vantagens fixados em lei; b) gratificações; c) adicionais; d) férias; e) licenças; f) direito de petição; g) regime disciplinar.

Situação que pode produzir alguma dúvida foi criada com a Emenda Constitucional nº 51, de 14.2.2006, quando acresceu os §§ 4º, 5º e 6º ao art 198 da Constituição Federal.

Trata-se da admissão de agentes comunitários de saúde e agentes de combate às endemias que, pelo dispositivo agora acrescido, deverá ocorrer por *processo seletivo público, de acordo com a natureza e complexidade de suas atribuições e requisitos específicos para sua atuação.*

É de se observar que os agentes comunitários de saúde e os agentes de combate às endemias ou ingressavam através de concurso público de provas ou, na exepcionalidade, eram contratados temporariamente na forma determinada por lei especial.

A dúvida é se eles, agora, ao serem admitidos por *processo seletivo público*, estariam afastados do concurso, ou a Constituição teria criado uma nova modalidade de ingresso no serviço público. *Seletivo* é ato ou efeito de escolher, que, em outras palavras, significa investir. Dessa forma, a emenda constitucional criou apenas uma sinonímia para o concurso público, porque a pretensão do legislador derivado foi a de unificar a forma de ingresso numa atividade tão importante para a vida nacional e que estava malbaratada pelos órgãos de ponta ou executor da política de saúde, e não de criar uma nova modalidade de ingresso no serviço público. É importante dizer que a emenda constitucional vinculou o processo seletivo público à natureza e complexidade de suas atribuições e requisitos específicos para sua atuação e ao que dispuser a lei federal a respeito do regime jurídico e a regulamentação das atividades.

10 – Da comissão de concurso

O concurso público tem bases constitucionais e legais, como já foi dito. Assim, estando criado por lei e havendo cargos ou empregos vagos, pode a Administração Pública determinar que sejam eles preenchidos, na integralidade ou em parte, para isso determinando a abertura do certame. A Administração não é obrigada a preencher todos os cargos ou empregos públicos vagos porque isso decorre de conveniência ou oportunidade administrativa que, especialmente nos tempos de agruras financeiras por que passa todo o Estado brasileiro, pode significar contenção de despesas.

Mas, decidido que há conveniência, e o concurso público é oportuno, o seu gerenciamento administrativo se efetiva por intermédio da *Comissão de Concurso*, que é um órgão colegiado designado pela administração superior.

Os membros da Comissão de Concurso, de regra, são servidores públicos, e não podem ter qualquer interesse na realização do concurso público. Existindo, estarão impedidos e assim devem ser substituídos. Não o fazendo, poderão sofrer a argüição de suspeição por qualquer interessado legítimo no âmbito da própria comissão ou através de ações de controle como o mandado de segurança, ou até mesmo a ação civil pública pelo Ministério Público. A permanência de membro da comissão impedido poderá acarretar a nulidade do concurso. Havendo negativa do membro da comissão quanto ao impedimento, cabe ao interessado demonstrar concretamente sua existência através de processo administrativo ou judicial. Não o fazendo, a sua permanência, como decorrência de ato administrativo de nomeação que contém atributo de legitimidade, é plenamente válida.

Em princípio, o poder da Comissão do Concurso é o de execução das regras previamente estabelecidas na lei ou no edital do concurso. É possível que a autoridade superior delegue à Comissão o poder de suprir eventuais lacunas. Essa regra, no entanto, deve ser expressa. Inexistindo, comete a Comissão abuso passível de controle pela própria administração ou através das ações judiciais de controle perante o Poder Judiciário, como é o mandado de segurança.

É interessante observar que a Comissão de Concurso se manifesta através de seu presidente. Não existe manifestação isolada de qualquer de seus membros. Sendo assim, é possível o controle judicial via mandado de segurança contra a decisão colegiada, cuja externação se opera na figura do presidente da comissão, como por exemplo, nos atos de não-homologação de inscrição, de nulidade de questão objetiva ou discursiva, de não-homologação de aprovação em qualquer fase do concurso ou final ou outra qualquer manifestação pertinente ao concurso público. É bom deixar claro que autoridade coatora é a Presidente da Comissão, e não a pessoa física que a representa.[35] Isto porque o

---

[35] No concurso público para juiz de direito substituto do Tribunal de Justiça do Estado do Rio Grande do Sul, por força de seu regimento interno, o presidente da Comissão de Concurso é o 2º Vice-Presidente. Portanto, a impetração de mandado de segurança é contra esta autoridade, e não contra a Comissão de Concurso.

mandado de segurança é impetrado diretamente contra a autoridade responsável pelo ato administrativo abusivo, e não contra o órgão que representa por força de disposição legal. Tecnicamente, a impetração de mandado de segurança contra o órgão ou o ente público é erronia passível de indeferimento liminar da ação mandamental, já que não é dado ao julgador modificar o endereçamento passivo de qualquer ação.

Aliás, a moderna doutrina administrativa tem procurado bem distinguir o que seja *agente público, órgão público e ente público,* diante das confusões terminológicas com que os conceitos são aplicados. Assim, *agente público* é aquele que *age* em nome da Administração Pública e, com isso lhe dá voz e vida jurídica. *Órgão público* é a própria Administração Pública, só que fragmentada para melhor administrar. Como fragmento de um todo maior, não tem o órgão representação jurídica. Seus atos são atos do ente público que o integra. E por sua vez, *ente público* é a própria Administração Observe-se o exemplo a seguir que bem dimensiona a questão. Não pretendendo um candidato ao concurso de Juiz de Direito substituto do Estado do Rio Grande do Sul impetrar mandado de segurança, que por especificidade própria deve ser dirigido contra o *agente público* Presidente da Comissão de Concurso, e não contra o *órgão público* Comissão de Concurso, por decadência desta ação especial ou mesmo por pretender buscar satisfação mais ampla como uma possível indenização, a ação ordinária deverá ser dirigida contra o *ente público* a que integra o órgão realizador do concurso público porque somente este tem capacidade jurídica plena e por via de conseqüência legitimidade para estar em juízo, que, no caso, seria o Estado do Rio Grande do Sul.[36]

O regulamento do concurso ou mesmo seu edital de abertura, como atos normativos, podem sofrer controle através de ação direta de inconstitucionalidade (Lei nº 9.868/99) em decorrência de seu efeito difuso e coletivo. Também podem sofrer controle direto do próprio interessado por produzir efeito concreto contra a sua pessoa. Na primeira situação, tem-se o *controle abstrato*, também conhecido como *concentrado*, e no segundo, o *controle concreto* ou *difuso*. Qualquer que seja a forma de controle buscada por quem tenha legitimidade, é

---

[36] Pretendendo o interessado ajuizar ação ordinária declaratória de nulidade de ato administrativo referente ao concurso público para juiz de direito substituto do Tribunal de Justiça do Estado do Rio Grande do Sul, cumulando-a com possível indenização, o réu será o próprio Estado do Rio Grande do Sul, e não a Comissão de Concurso, o Tribunal de Justiça ou o Poder Judiciário, que são órgãos do ente Estado.

de se observar contra quem ele será dirigido: na ADIn,[37] contra o ente público. No mandado de segurança, contra o agente público.

11 – Do edital de abertura de concurso

O concurso público, antes uma idéia interna da Administração Pública, toma forma com o *edital de abertura de concurso* ou simplesmente *edital de concurso*, que é comumente chamado *lei do concurso* por estabelecer os números de cargos ou empregos a preencher, todo procedimento a ser cumprido pela Administração Pública, que vai desde a apresentação dos requisitos para a inscrição até a publicação final do resultado, nele ainda se integrando o conteúdo material a ser exigido do candidato.

A Administração Pública tem a discrição de elaborar o edital de concurso quando bem lhe convier. Mas, publicado o edital, ele se transforma na lei do concurso, significando dizer que todos os envolvidos estão a ele vinculados.

Modificações no edital são possíveis desde que não mudem as regras básicas do concurso. Superação de irregularidades, dúvidas ou omissões são sempre necessárias. Modificações que impliquem mudanças substancias no concurso não são possíveis. Se, no entanto, elas se tornarem necessárias, os atos do concurso até então realizados deverão ser declarados nulos, e o certame deverá ser reiniciado.

---

[37] Tomando-se como exemplo o concurso para juiz de direito substituto do Estado do Rio Grande do Sul, por força regimental, o concurso é regulamentado através de resolução expedida pelo Conselho da Magistratura, que é presidido pelo Presidente do Tribunal. Assim, é contra o ato do presidente do Conselho da Magistratura que será interposta a ADIn ou o mandado de segurança, e não contra a presidência da Comissão de Concurso ou muito menos contra esta. Da mesma forma o edital de abertura de concurso. Observe-se uma situação real com forte razoabilidade de acontecer. A Resolução do Conselho da Magistratura estabelece que o requisito *"exercício da atividade jurídica de 3 anos"* tenha início 6 meses após a colação de grau, o que é repetido no edital. Como atos normativos que são, o Procurador-Geral de Justiça tem legitimidade para buscar a declaração de inconstitucionalidade deste dispositivo no Órgão Especial do Tribunal de Justiça, cujo efeito da decisão será *erga omnes* e de obediência imperativa ao Poder Judiciário. De outro lado, por produzirem estes atos regulamentares efeitos concretos contra determinado candidato, tem ele legitimidade para impetrar mandado de segurança contra a autoridade que o expediu, no caso o Presidente do Conselho da Magistratura, no Segundo Grupo Cível, produzindo a decisão efeito individual, o que significa que para os outros candidatos o regulamento e edital de concurso continuam em pleno vigor.

O edital de abertura de concurso tem dois conteúdos bem distintos:

a) formal;

b) material.

11.1 – Conteúdo formal

O conteúdo formal do edital de abertura de concurso está em se constituir um ato administrativo específico exteriorizado por escrito, assinado pela autoridade competente, publicado na imprensa periódica e afixado, por cópia, na repartição pública promotora do concurso.

O edital de concurso, quanto ao seu conteúdo formal, entre outros, deve especificar a finalidade do concurso, suas bases, os requisitos para a inscrição, os vencimentos do cargo ou emprego público, as várias etapas, os exames de saúde, se pertinentes, os títulos, os recursos e seu prazo de validade. Sendo um ato administrativo de informação, ele deve estar recheado do maior número possível de dados para que não pairem dúvidas a respeito do concurso que a Administração Pública pretende realizar.

A inexistência de qualquer destes elementos pode tornar o ato administrativo de abertura de concurso irregular ou nulo, dependendo do prejuízo que venha a causar aos interessados, sendo legítimo, na primeira hipótese, ser retificado.

11.2 – Conteúdo material

O conteúdo material do edital de abertura de concurso reside nas várias manifestações de vontade que cada um dos requisitos formais contém. Por trás do aspecto formal, existe todo um aparato que considerou a conveniência e a oportunidade de uma ação administrativa. Assim, por exemplo, quando o edital declara formalmente o número de vagas a preencher, em verdade, isto não é uma manifestação desprovida de conteúdo material. A manifestação veio a lume depois de uma análise interna da necessidade administrativa de servidores ou empregados públicos, mas também da existência do respectivo respaldo financeiro para a realização do concurso. Não pode a Administração Pública realizar um concurso público existindo cargos vagos se com o ingresso do pessoal o limite de gastos fixado pela lei de responsabilidade fiscal será ultrapassado. Na mesma esteira do pensamento anterior, observe-se a constituição da Comissão de Concurso. Os membros indicados não só devem ter idoneidade funcional, mas conhecimentos específicos sobre a realização de um concurso, sob pena de ações tumultuárias no seu desenvolvimento. É bom sempre lembrar que qualquer comissão de concurso é a Administração e como tal está vinculada aos princípios administrativos que norteiam o agir administrativo.

Simplificando, cada estrutura formal do edital de concurso representa um conteúdo material respectivo. Portanto, salvo colidência com a constituição e a lei, o conteúdo material do concurso é típico mérito administrativo. Dizer o que quer e como quer é discrição administrativa, estrutura típica do poder de administrar.[38]

Pode-se controlar o aspecto formal do edital de concurso, não o seu conteúdo material, sob pena de ingerência indevida na Administração Pública.

12 – Da inscrição

Um dos requisitos formais de grande envergadura no concurso público é a inscrição. Diante disso, o edital do concurso público deverá especificá-la de forma minudente por se constituir no primeiro estágio de afastamento de candidatos.

No instrumental, o que se chama de *inscrição* nada mais é do que um pedido formulado por um candidato para participar de um determinado concurso. É também chamado de *requerimento*.

Através da inscrição inicia-se entre o candidato e a Administração Pública, representada pela Comissão de Concurso, uma relação jurídica-processual administrativa, com direitos e deveres recíprocos especificados no edital do concurso. Daí por que o edital é chamado a *lei do concurso*.

Sendo um ato formal típico, o requerimento de inscrição deve conter os seguintes requisitos:

a) autoridade a quem é dirigido;
b) nome do candidato e qualificação completa;
c) pedido de inscrição no concurso;
d) local e data do pedido;
e) assinatura do candidato ou de seu representante.

---

[38] Ver, de minha autoria, *Curso de Processo Administrativo*. Ob. cit.

O requerimento poderá ser apresentado diretamente pelo candidato ou ser disponibilizado pela Comissão de Concurso através de formulário impresso no endereço que for fornecido ou ainda acessado via *site* da Internet.

Em geral, o edital exige que o requerimento seja instruído com cópias de documentos que relaciona. Esta exigência condiciona o recebimento da inscrição à apresentação concomitante dos documentos. Poderá ser estabelecido ainda que na falta de qualquer um deles a inscrição não será aceita. Desta recusa, que deverá ser motivada, cabe recurso administrativo. Na visão processual administrativa, isto representa um juízo administrativo prévio de admissibilidade do pedido de inscrição. A apresentação de documentos concomitante com o pedido de inscrição exige da Comissão de Concurso maior trabalho, mas, de outro lado, já afasta os candidatos que não preenchem as condições do edital, não criando qualquer perspectiva positiva para aqueles que, não preenchendo os requisitos, vierem a ser aprovados nas provas do concurso e com isso criando o "fato consumado".

O edital de abertura de concurso poderá ou não facultar que as inscrições sejam feitas via postal, fax ou internet, esta dirigida ao endereço eletrônico que a Comissão de Concurso indicar, podendo estabelecer, no entanto, que tais inscrições não sejam consideradas como recebidas, ocorrendo falhas de comunicação que impeçam o recebimento da inscrição por prazo estabelecido no edital ou congestionamento das linhas de comunicação, bem como qualquer outro fator que impossibilite a transferência de dados. O não-recebimento destas inscrições deverá ser motivado, cabendo recurso no prazo estabelecido no edital.

A Constituição Federal diz, no seu art. 37, inciso VIII, que:

> a lei reservará percentual dos cargos e empregos públicos para as pessoas portadoras de deficiência e definirá os critérios de sua admissão.

O *princípio de reserva de cargos ou empregos públicos às pessoas portadoras de deficiência* exige regulamentação prévia através de lei específica. Por ele, a lei, e não a Administração Pública – Comissão de Concurso, (a) fixará o percentual de cargos ou empregos públicos disponíveis àquelas pessoas portadoras de deficiência, (b) o tipo de deficiência e (c) a forma de como será realizado o concurso público para que elas sejam admitidas. A regra é de que a lei fixe a reserva no percentual de 10% (dez por cento). Quanto à deficiência, o critério legal geralmente adotado é o de que ela possibilite o exercício do cargo ou do emprego público. Isto poderá ser especificado na lei ou delegado à Comissão de Concurso para que, caso a caso, e com apoio de uma equipe multiprofissional, seja definida a compatibilidade do candidato portador de deficiência com o cargo ou emprego público O conceito de deficiência, em verdade, é da ciência médica. Assim, declarando-se deficiente, deverá o candidato comprovar por atestado médico a espécie e o grau ou nível da deficiência de que é portador, com expressa referência ao código correspondente da Classificação Internacional de Doenças (CID) e a sua provável causa. A lei deverá ainda estabelecer como o concurso deverá ser realizado, como por exemplo, o acesso ao local do concurso, a necessidade de recursos médicos de apoio, a aplicação da prova, etc.[39]

Questão interessante e que tem possibilitado algumas discussões, é a exigência imposta pela Emenda Constitucional nº 45, de 8.12.2004, que modificou o art. 93, inciso I, da Constituição Federal, quando estabeleceu que, no ingresso na carreira de juiz de direito substituto, seja exigido do bacharel em direito, no mínimo, *três anos de atividade jurídica*. Alguns pontos duvidosos surgem da inserção constitucional. Primeiro, o dispositivo seria auto-aplicável? Em princípio, e numa interpretação essencialmente jurídica, não, porque, na própria expressão constitucional haveria necessidade de existência da Lei Complementar denominada de Estatuto da Magistratura Nacional regulamentando esta nova exigência. No entanto, resolução do Conselho Nacional de Justiça, órgão de fiscalização e de correção do Poder Judiciário no País, em manifestação de cunho essencialmente de política institucional, entendeu que a exigência é auto-aplicável, inclusive regulamentando de forma detalhada a matéria. Assim, por vinculação hierárquica, qualquer concurso para preenchimentos de cargos de magistrados deve respeitar o lapso temporal de 3 anos, devendo ainda o candidato demonstrar que exerceu atividade jurídica. Penso que a interpretação de política institucional dada pelo CNJ é inconstitucional. Mas, como ultimamente o STF, como intérprete da Constituição, tem assumido posições mais políticas do que jurídicas, chamando a si uma responsabilidade que em primeiro lugar seria do Congresso Nacional, e sendo o CNJ presidido pelo Presidente do STF, não é difícil concluir que, no

---

[39] Não existe lei específica reservando percentual para os cargos de juiz de direito substituto do Estado do Rio Grande do Sul. Há uma típica mora legislativa a esse respeito. Todavia, na sua ausência, não pode o Conselho da Magistratura regulamentar a omissão e muito menos a Comissão de Concurso regrar a seu respeito. Se o faz, age ilegitimamente.

campo da razoabilidade, dificilmente esta interpretação será modificada.[40] Segundo, qual o conceito de *atividade jurídica*? Em verdade, este conceito significa aquela que implique necessariamente conhecimentos de direitos. Este conceito, administrativamente, já está regrado pelo CNJ. Terceiro, qual o dia *a quo* para início de contagem dos 3 anos? O razoável seria que sua fixação ocorresse a partir da colação de grau do candidato como bacharel em direito. Aqui também existe regramento administrativo.[41]

---

[40] Penso que, quando uma Constituição é interpretada ao sabor do momento político, e não de acordo com o conteúdo jurídico nela expressamente declarado, há o perigo de ser criada uma insegurança jurídica para a população pela própria instabilidade que deflui do conteúdo político. O direito, como regra de comportamento social, tem que ter um porto seguro, um norte. A sociedade como criadora do Estado tem que saber como pensa seu Tribunal Maior a respeito das regras constitucionais que ela criou através de seus representantes. Dizer o STF além do que diz a Carta Social de Direitos é desviar-se da sua finalidade e atribuir-se uma função legislativa que não detém.

[41] RESOLUÇÃO Nº 11, DE 31 DE JANEIRO DE 2006. Regulamenta o critério de atividade jurídica para a inscrição em concurso público de ingresso na carreira da magistratura nacional e dá outras providências
(...)
CONSIDERANDO a necessidade de estabelecer regras e critérios gerais e uniformes, enquanto não for editado o Estatuto da Magistratura, que permitam aos Tribunais adotar providências de modo a compatibilizar suas ações, na tarefa de seleção de magistrados, com os princípios implementados pela Emenda Constitucional n° 45/2004;
CONSIDERANDO a existência de vários procedimentos administrativos, no âmbito do Conselho Nacional de Justiça, indicando a necessidade de ser explicitado o alcance da norma constitucional, especialmente o que dispõe o inciso I do artigo 93 da Constituição Federal e sua aplicação aos concursos públicos para ingresso na magistratura de carreira;
CONSIDERANDO a interpretação extraída dos anais do Congresso Nacional quando da discussão da matéria;
CONSIDERANDO, por fim, que o ingresso na magistratura constitui procedimento complexo, figurando o concurso público como sua primeira etapa;
RESOLVE:
Art. 1º Para os efeitos do artigo 93, I, da Constituição Federal, somente será computada a atividade jurídica posterior à obtenção do grau de bacharel em Direito.
Art. 2º Considera-se atividade jurídica aquela exercida com exclusividade por bacharel em Direito, bem como o exercício de cargos, empregos ou funções, inclusive de magistério superior, que exija a utilização preponderante de conhecimento jurídico, vedada a contagem do estágio acadêmico ou qualquer outra atividade anterior à colação de grau.
Art. 3º Serão admitidos no cômputo do período de atividade jurídica os cursos de pós-graduação na área jurídica reconhecidos pelas Escolas Nacionais de Formação e Aperfeiçoamento de Magistrados de que tratam o artigo 105, parágrafo único, I, e o artigo 111-A, parágrafo 2º, I, da Constituição Federal, ou pelo Ministério da Educação, desde que integralmente concluídos com aprovação.
Art. 4º A comprovação do tempo de atividade jurídica relativamente a cargos, empregos ou funções não privativos do bacharel em Direito será realizada mediante certidão circunstanciada, expedida pelo órgão competente, indicando as respectivas atribuições exercidas e a prática reiterada de atos que exijam a utilização preponderante de conhecimento jurídico.
Art. 5º A comprovação do período de três anos de atividade jurídica de que trata o artigo 93, I, da Constituição Federal, deverá ser realizada por ocasião da inscrição definitiva no concurso.

Os editais de concurso público sempre estabelecem o pagamento de *taxa de inscrição* fixada por cada Comissão de Concurso como forma de retribuição dos serviços a serem prestados com a realização do concurso. Não sendo homologada a inscrição, tem o candidato direito à devolução do que pagou, podendo a Comissão, de forma geral, estabelecer a necessidade de requerimento. O edital também pode estabelecer os casos de isenção de taxa de inscrição ou deixar a critério da Comissão de Concurso. Do indeferimento, cabe recurso administrativo.

As inscrições têm prazo certo para serem apresentadas. E o prazo estabelecido no edital é resolutivo, não podendo sofrer interrupção, suspensão ou prorrogação, sob pena de ferir o princípio da isonomia que deve nortear o concurso público. O não-conhecimento do edital do concurso, a indisponibilidade da documentação necessária para instruir o pedido de inscrição ou o não-pagamento da taxa por carência econômica, por exemplo, não são justificativas para recebimento de inscrições intempestivas.

O pedido de inscrição pode ser subscrito por procurador mediante a apresentação da respectiva procuração particular, com ou sem firma reconhecida, dependendo do que for disposto no edital.

Cada inscrição deverá ser registrada e autuada, passando a ter um número próprio, que acompanhará o candidato até o final do concurso.

Preenchendo a inscrição os requisitos de admissibilidade, será homologada, com publicação deste ato.

A Comissão de Concurso deverá fundamentar as razões da não-homologação de inscrição. Deste ato, cabe recurso.[42]

Art. 6° Aquele que exercer a atividade de magistério em cursos formais ou informais voltados à preparação de candidatos a concursos públicos para ingresso na carreira da magistratura fica impedido de integrar comissão do concurso e banca examinadora até três anos após cessar a referida atividade de magistério.
Art. 7° A presente resolução não se aplica aos concursos cujos editais já tenham sido publicados na data em que entrar em vigor.
Art. 8° Esta resolução entrará em vigor na data de sua publicação.
Ministro NELSON JOBIM
Presidente

[42] O concurso para Juiz de Direito do Estado do Rio Grande do Sul é considerado o certame de maior exigência no País. Observe-se o que foi determinado pela Comissão de Concurso do Tribunal de Justiça para a inscrição de candidatos no último concurso para juiz de direito substituto (Edital n° 01/2003 – DRH-SELAP-CONJUIZ):
"2. DA INSCRIÇÃO
As inscrições serão recebidas na sede da OFFICIUM, Assessoria, Seleção e Habilitação S/C, na Rua Luiz Afonso, 142, Cidade Baixa, Porto Alegre, de segunda a sexta-feira, das 9 às 12 horas e das 14 às 17 horas.

Não serão aceitas inscrições condicionais.
Também não serão aceitas inscrições por via postal, Internet ou fax.
2.1. O requerimento de inscrição, dirigido ao Presidente do Tribunal de Justiça, estará disponível, para preenchimento em formulário, no local de inscrição.
O requerimento de inscrição poderá ser acessado também no site http://www.tj.rs.gov.br .Nesse caso, o formulário deverá ser impresso em uma única folha de papel branco, tamanho A4, sem qualquer timbre ou identificação impressa, utilizando frente e verso. Após o preenchimento o candidato deverá entregá-lo no local de inscrição.
2.2 No requerimento, deverão constar a qualificação do candidato, suas profissões atual e anteriores, os lugares em que exerceu cargo ou função pública, atividade ou emprego público.
2.3. O requerimento deverá ser instruído com os seguintes documentos, sendo juntados por cópia e acompanhados dos originais para simples conferência os referentes aos itens a e b:
a) cédula de identidade expedida pelo Instituto de Identificação da Secretaria de Segurança Pública ou carteira de identidade profissional emitida pela OAB;
b) título de bacharel em Direito (diploma ou documento comprobatório de conclusão de curso expedido pela instituição de ensino);
c) guia de recolhimento da taxa de inscrição no valor de R$ 100,00 a ser paga em qualquer agência do Banco do Estado do Rio Grande do Sul – BANRISUL. O depósito deverá ser efetuado na conta corrente nº 03.152.367.0-4-FRPJ – Receitas Diversas, BANRISUL, Posto Palácio da Justiça – Agência 0835, utilizando-se a guia de depósito bancário 'Depósito em Conta de Terceiro' com todos os campos devidamente preenchidos;
d) 02 fotografias recentes, tamanho 3x4;
e) indicação de endereços (residencial, profissional, bem como telefones).
2.4. Até três (3) dias úteis anteriores ao início do estágio de avaliação, o candidato deverá apresentar os seguintes documentos:
a) título de bacharel em Direito devidamente registrado;
b) prova de estar em dia com as obrigações militar e eleitoral, esta mediante certidão da Zona de inscrição do candidato;
c) cartão de identificação do contribuinte (CIC) da Receia Federal;
d) indicação dos cargos, funções e atividades exercidos, públicos e privados, remunerados ou não, e dos lugares de residência desde os 18 (dezoito) anos de idade;
e) declaração, subscrita do próprio punho, sobre antecedentes criminais procedimentos administrativos em que tenha sido indiciado, ações em que seja ou tenha sido réu, no juízo cível ou criminal, protestos de títulos, penalidades no exercício de cargo público ou qualquer outra atividade profissional;
f) prova relativa aos antecedentes criminais (folhas corridas da Justiça Estadual, da Justiça Federal e da Justiça Militar).
2.5 Nos dois (2) dias úteis seguintes à publicação do Edital contendo as notas da Fase Intermediária, após recursos, o candidato apresentará os títulos obtidos nas áreas universitárias e educacional, e outros de que dispuser.
2.6. Para a inscrição será exigida idade superior a vinte e três (23) anos e inferior a quarenta e cinco (45) anos.
O limite de quarenta e cinco (45) será verificado no dia de abertura do prazo de inscrição, e o limite de vinte e três (23), no dia do encerramento do mesmo prazo.
2.7. Os pedidos de inscrição serão registrados e autuados um a um e distribuídos entre os componentes da Comissão de Concurso, inclusive ao representante da Ordem dos Advogados do Brasil.
O Serviço de Seleção e Aperfeiçoamento do Departamento de Recursos Humanos devolverá ao interessado os documentos apresentados, caso não preenchidas as exigências da Lei, desta Resolução e do respectivo Edital. Nessa hipótese, será restituído também o valor da taxa de inscrição, devendo ser apresentado o comprovante de pagamento preenchido, conforme dispõe o item 2.3, letra c, deste edital.
2.8. Terá cancelada a inscrição e sujeitar-se-á à demissão durante os 2 (dois) primeiros anos de

Além dos requisitos específicos inerentes a cada concurso público, isto em respeito ao comando constitucional de que a Administração Pública deve vincular o certame de *acordo com a natureza e a complexidade do cargo ou emprego* (art. 37,II, da CF), o ato de inscrição deve estabelecer que o candidato preencha requisitos básicos ou gerais como:

a) nacionalidade;

b) idade;

c) direitos políticos;

d) obrigações militares;

e) saúde.

Nacionalidade – A Constituição Federal, no seu art. 37, I, diz o seguinte;

> os cargos, empregos e funções públicas são acessíveis aos brasileiros que preencham os requisitos estabelecidos em lei, assim aos estrangeiros, na forma da lei.

Dessa forma, o acesso à Administração Pública é dado preferencialmente ao brasileiro, pouco importando seja ele *nato* (nascido no Brasil) ou *naturalizado* (o estrangeiro que passou à categoria de brasileiro). Em linguagem econômica, isto corresponderia a uma verdadeira reserva de mercado no sentido de que as atividades públicas do estado devem ser exercidas por brasileiros. Numa visão política, é razoável entender-se que as coisas do Estado brasileiro, por razões óbvias, devem ser tituladas por brasileiros, por isso traz segurança e exige natural fidelidade.[43]

---

exercício efetivo do cargo, além de responder criminalmente, o candidato responsável por declaração falsa.

2.9. Durante a realização do concurso, os candidatos a cuja respeito venha a ser comprovado não preencherem as condições objetivas e as qualidades morais exigidas para o ingresso na carreira serão excluídos pela Comissão do Concurso, ou, por decisão do Órgão Especial, ainda depois de realizadas as provas e homologados os seus resultados.

2.10. Findo o prazo de inscrição, publicar-se-á no Diário da Justiça a relação dos números das inscrições dos candidatos que não tiveram suas inscrições homologadas.

2.11. A inscrição poderá ser requerida por intermédio de procurador com poderes especiais.

[43] O art. 12 da Constituição Federal fixa de modo claro o conceito de brasileiros natos e naturalizados da seguinte forma:

Art. 12. São brsileiros:

I – natos

a) os nascidos na República Federativa do Brasil, ainda que de pais estrangeiros, desde que estejam a serviço de seu país;

b) os nascidos no estrangeiros, de pai brasileiro ou mãe brasileira, desde que qualquer deles esteja a serviço da República Federativa do Brasil

A Constituição não veda o acesso dos estrangeiros a cargos, empregos e funções públicas. Apenas estabelece que a lei poderá ditar condições para esse acesso. Portanto, inexistindo expressa permissão legal para acesso de estrangeiros a esse ou àquele cargo público, estarão eles afastados do concurso público.

A prova da nacionalidade se dá com a cópia da certidão de nascimento ou casamento, carteira de identidade expedida por instituto de identificação da Secretaria de Justiça ou mesmo por carteira de identidade profissional ou carteira nacional de habilitação fornecida pelo Detram ou título de eleitor.

Idade – Para o ingresso em cargos ou empregos públicos, o candidato deve ser capaz, e a capacidade é adquirida pela assunção da maioridade aos 18 (dezoito) anos, consoante estabelece o Código Civil, art. 5º. Portanto, nenhum cargo ou emprego público pode estabelecer limite de idade inferior aos 18 anos.

Mas existem cargos ou empregos que, pela sua natureza ou complexidade, necessitam de limitador etário no seu mínimo ou no seu máximo. Dessa forma, o acesso a esse cargo ou emprego público fica limitado por um fator tópico de cada concurso público. Este princípio específico afasta o princípio genérico de que todos são iguais perante a lei.

Embora seja manifestação tranqüila no âmbito da Administração Pública, no entanto a jurisprudência tem oscilado muito para entender não ser regra absoluta de discrição administrativa a fixação do limite de idade, afastando o critério objetivo e aplicando critérios de razoabilidade. A idade de 21 anos para o cargo de agente administrativo é discrição administrativa ou pode sofrer controle jurisdicional? Alguém com 20 anos, 11 meses e 29 dias ao final do prazo de inscrição do concurso deve ser admitido? Ou, na outra ponta, tendo a Administração fixado o limite máximo de idade em 45 anos, alguém com 45 e 1 dia poderia ser inscrito? A questão não é fácil. O problema que surge é

---

c) os nascidos no estrangeiro, de pai brasileiro ou mãe brasileira, desde que venham a residir na República Federativa do Brasil e optem, em qualquer tempo pela nacionalidade brasileira;
II – naturalizados:
a) os que, na forma da alei, adquirirem a nacionalidade brasileira, exigidas aos originários de países de língua portuguesa apenas residência por um ano ininterrupto e idoneidade moral;
b) os estrangeiros de qualquer nacionalidade residentes na República Federativa do Brasil há mais de quinze anos ininterruptos e sem condenação penal, desde que requeiram a nacionalidade brasileira.

que, quando se quebra o critério objetivo fixado pela Administração, dificilmente se encontra outro seguro para substituí-lo. Assim, se 20 anos, 11 meses e 29 dias ou 45 anos e 1 dia, são critérios razoáveis, por que não 20 anos, 11 meses e 20 dias ou 45 anos e 20 dias ou 20 anos ou 46 anos? Ou seja, até onde vai a razoabilidade? Em verdade, em qualquer destes exemplos, o que se fez foi quebrar o comando administrativo, substituindo-se um critério por outro. Sob o argumento de razoabilidade, o Poder Judiciário intervém na Administração, tornando um desigual igual aos outros, mas para aqueles que não recorreram ao Judiciário por não preencherem os limites objetivos fixados no edital de concurso, houve irrazoabilidade.

A prova da idade se dá com a apresentação pelo candidato de cópia de sua carteira de identidade civil ou profissional, da carteira de habilitação ou título de eleitor.

Direitos políticos – Para José Cretella Júnior:[44]

Direito político é a possibilidade de votar (ser eleitor) e ser votado (ser eleito).

Direito político é o *jus civitatis* dos romanos e também é conhecido como *direito do cidadão* ou *direito de cidadania* e representa um conjunto de direitos e deveres peculiares ao cidadão, como o de ser elegível e o de poder eleger.

A Constituição Federal, nos artigos 14, 15 e 16, trata dos direitos políticos. Assim, tem-se que a soberania popular é exercida pelo sufrágio universal e pelo voto direto e secreto, com valor igual para todos; o alistamento eleitoral e o voto são obrigatórios para os maiores de dezoito anos e facultativo para os analfabetos e os maiores de setenta anos; não podem alistar-se como eleitores os estrangeiros e, durante o período do serviço militar obrigatório, os conscritos. Além disso, a Constituição ainda estabelece como condições de elegibilidade a nacionalidade brasileira, o pleno exercício dos direitos políticos, o alistamento eleitoral, o domicílio eleitoral na circunscrição e a filiação partidária, afirmando que são inelegíveis os inalistáveis e os analfabetos, estabelecendo condições para as eleições dos cargos políticos.

A prova de que o candidato está em pleno gozo de seus direitos políticos é a certidão fornecida pela Zona Eleitoral onde é eleitor.

Obrigações militares – Todo cidadão é obrigado a prestar serviço militar, que é a contribuição obrigatória no preparo de aptidão bélica

---

[44] CRETELLA JÚNIOR, José. Ob cit., p. 436.

ou adestramento nas armas, para a defesa da ordem, integridade e segurança do País.

A prova de que o candidato está em dia com suas obrigações militares se dá com carteira de reservista ou certidão de alistamento militar.

Saúde – Alguns cargos ou empregos públicos exigem preparo físico acima da média como requisito de sua própria natureza, como são os policiais. Outros, os mais burocráticos, exigem apenas que o candidato tenha boa saúde.

De qualquer sorte, como requisito essencial ou geral do cargo ou emprego público, o ingresso na Administração Pública exige que o candidato não seja portador de doença incapacitante.

Para os incapacitados fisicamente, a Constituição Federal, no seu art. 37, inciso VIII, estabeleceu reserva nos cargos ou empregos públicos para os portadores de deficiências, deixando para a lei definir o percentual e o tipo de deficiência possível de se imbricar com cargos ou empregos.

Ter boa saúde, portanto, é requisito básico do pretendente ao cargo ou emprego público.

O edital do concurso público pode exigir que esta condição seja apresentada no momento da inscrição através de atestado ou laudo médico.

A existência de doenças que não se incluam nos casos excepcionais de portadores de deficiências, é causa plenamente justificada de indeferimento da inscrição, passível de recurso administrativo ou controle jurisdicional.

13 – Do julgamento da inscrição

Toda inscrição será autuada[45] e receberá um número que acompanhará o candidato até o final do concurso. Forma-se, dessa forma, uma relação processual administrativa entre o candidato e a Administração Pública responsável pela realização do concurso público.

---

[45] Autuação é o ato e efeito de autuar, que significa reunir e por em ordem as peças de um processo.

Como primeira manifestação decisória, a Comissão de Concurso *homologará* ou *indeferirá* a inscrição, preenchendo ela ou não os requisitos formais estabelecidos no edital. No campo do processo administrativo, tem-se um juízo de admissibilidade da inscrição, que, especialmente no julgamento indeferitório, deverá ser fundamentado.

Do julgamento homologatório da inscrição, a decisão pode ser implícita, pressupondo-se que, se foi homologado, é porque a inscrição preencheu os requisitos do edital.

No entanto, no julgamento indeferitório da inscrição a fundamentação é essencial para que se respeite o princípio da decisão administrativa motivada, e o candidato saiba os motivos pelos quais seu pedido foi indeferido. Assim, deve a Comissão de Concurso explicitar as razões do indeferimento. Não cabe indeferimento calcado na subjetividade da Comissão. Havendo, o ato administrativo decorrente estará viciado por desrespeito ao princípio da impessoalidade.

Da decisão indeferitória caberá pedido de reconsideração ou recurso, dependendo do que for previsto no edital. Sempre será possível o controle jurisdicional dessa decisão.

A homologação ou o indeferimento deverá ser publicado através de edital. Em geral, a publicação das decisões indeferitórias são expressas, e as homologatórias, por exclusão.

Tem-se verificado o chamado *indeferimento sumário* quando o pedido de inscrição sequer é recebido no local designado para sua entrega. Trata-se de manifestação administrativa ilegal. A Administração Pública tem o dever de receber a inscrição para, se não preencher ela os requisitos formais exigidos, indeferi-la, em respeito ao direito de petição outorgado constitucionalmente a todo cidadão. É típico abuso de poder e por isso mesmo controlável administrativamente ou pelo Poder Judiciário.

14 – Da elaboração das provas

Superada a fase inicial do concurso com a homologação ou indeferimento das inscrições, o passo seguinte é a realização das provas dentre a modalidade ou as modalidades estabelecidas na lei e regulamentada pelo edital. É bom repetir que não cabe à Comissão modificar a modalidade de prova estabelecida para o concurso ou mesmo criar atalhos ou aumentar caminhos na sua realização. Como se tem dito numa linguagem bem futebolística, o jogo foi iniciado e não se pode criar novas regras que modifiquem seu desenvolvimento. No entanto, isso não se aplica na anulação ou revogação do concurso. No primeiro caso, porque a nulidade decorre da infração à lei e sob esse fundamento a continuidade do concurso não produzirá qualquer efeito, e a sua continuação não levará a lugar algum. E no segundo, porque sendo ato essencialmente do poder de administrar, compete apenas à Administração exercê-lo. Dessa forma, não mais realizar o concurso por razões de conveniência ou oportunidade, desde que devidamente justificadas, é atribuição exclusiva da Administração Pública.

Uma das atribuições mais difíceis para a Comissão de Concurso é a elaboração das provas, especialmente da prova objetiva.

Como o conteúdo programático estabelecido no edital de concurso é ato administrativo vinculado, fica a Comissão do Concurso adstrita ao seu conteúdo. Portanto, as questões formuladas devem manter vinculação com o programa previamente estabelecido.

A questão, se desatender a esta vinculação, é questão nula, e tal controle deve ser declarado pela própria Comissão, com extensão do valor respectivo a todos os concorrentes.

De outro lado, não sendo o concurso público de aferição de conhecimentos referente às ciências exatas, como os que envolvam o conhecimento de química, física e matemática, por exemplo, as questões objetivas dadas como corretas terão de se vincular a conteúdo induvidoso e que não permita o confronto com outro conteúdo, mas com solução diferente, já que isso criaria dúvidas para o candidato, ensejando a nulidade da questão. Veja-se, por exemplo, a formulação de uma questão envolvendo direito civil, na temática de locação, em que se coloque como correta a premissa de que o imóvel do fiador não responde pela dívida do locatário. Sabe-se que esta questão tem gerando divergências jurisprudenciais enormes e que, somente agora, foi decidida pelo STF exatamente em sentido contrário. A divergência de interpretação tornaria a premissa dada como correta altamente duvidosa, gerando dúvidas no candidato e por isso mesmo tornando a questão nula.

Não é raro que as Comissões de Concurso contratem, com dispensa de licitação, professor de língua portuguesa para analisar se a formulação da questão respeita as regras vernaculares, além de submeterem o conteúdo técnico a outros professores da mesma área para revisão. Não raramente uma questão objetiva parece aos olhos de seu elaborador perfeitamente correta, mas, quando submetida a uma revisão, observa-se contradição ou a existência de outras premissas igualmente corretas ou incorretas.

As questões objetivas devem ser, sem redundância, *objetivas* e *diretas*, o que significa dizer que não se deve utilizar de adjetivação abundante na sua formulação.

É de se observar que, se a prova exigir grandes números de questões, as premissas tidas como corretas devem manter a mesma proporcionalidade com as demais incorretas para que, se o candidato resolver "chutar" uma mesma letra, o seu número de acerto nunca atingirá o número mínimo exigido para aprovação.

Ainda é aconselhável que a questão tenha conteúdo didático. Ou seja, que as premissas formuladas possibilitem, além da aferição de conteúdo, um aprendizado para o candidato.

Ademais, se a prova objetiva exigir grande número de questões, e dependendo do número de aprovados que a comissão pretenda, é sempre salutar formular-se questões fáceis, médias e difíceis.

A elaboração da prova discursiva é menos desgastante para a Comissão de Concurso na sua formulação, já que a preocupação maior está na sua correção.

No entanto, não pode a Comissão descuidar que o tema a ser oferecido para ser discorrido não pode fugir do conteúdo programático. No concurso de juiz de direito, por exemplo, os processos civil e criminal que são oferecidos ao candidato para redigir sentença têm que se vincular a fatos que envolvam matéria prevista no programa.

A prova discursiva que esteja fora do conteúdo programático pode ensejar a sua nulidade a ser declarada pela própria comissão de ofício ou por provocação de qualquer interessado.

As questões da prova oral devem ser formuladas dentro do conteúdo programático do edital.

A prova oral, em geral, é uma exigência nos concursos em que o cargo exige o trato com o público. São exemplos típicos os concursos para a magistratura, Ministério Público e magistério universitário público.

O candidato deve ter presente que a prova oral não é apenas mais uma aferição de conteúdo. É uma aferição de conteúdo em que a Comissão de Concurso também irá analisar a forma como este conteúdo é oralmente explanado, os vícios de linguagem nesta explanação, os tiques nervosos e a postura do candidato.

O edital de concurso pode estabelecer que os temas sejam sorteados 24 horas ou mesmo 30 minutos antes de sua realização; se a prova consistirá de uma dissertação oral pura e simples, de uma dissertação mais perguntas ou simplesmente de perguntas; se o conteúdo será aferido de uma única vez ou de várias vezes. Enfim, o edital de concurso, coerente com a lei que o estabeleceu, pode regulamentar a execução da prova oral.

Grande discussão que gira sobre a prova oral é a dificuldade de revisão de nota pelo candidato. Visando a dirimir possíveis dúvidas, o concurso de juiz de direito substituto do Tribunal de Justiça do Estado do Rio Grande do Sul, por exemplo, estabeleceu que o candidato será argüido por dois examinadores de forma conjunta ou independente, e se a nota for inferior a mínima, será ela discutida com os demais examinadores para se verificar a situação geral do candidato. Existem outros concursos que permitem a gravação da prova ou ela é realizada de uma só vez na presença de vários examinadores que questionam o candidato sobre vários temas.

Como já foi dito, o Tribunal de Justiça do Estado do Rio Grande do Sul criou uma nova modalidade de prova para seu concurso público de juiz de direito substituto. Trata-se do estágio.

15 – Da aplicação da prova

O edital do concurso ou já fixa antecipadamente a data para a realização da prova quando de sua publicação ou este é fixado posteriormente também por comunicação editalícia.

A aplicação da prova constitui um momento importante tanto para o candidato como para a Comissão de Concurso.

Para o candidato, porque é chegado o momento de testar seus conhecimentos depois de um longo período de estudos. Por mais experimentado que ele seja, é sempre um momento de tensão. Trata-se de um divisor de águas entre ser ou não ser um servidor ou empregado público.

Para a Comissão de Concurso, é também um grande momento de tensão. E ela decorre da preocupação com o sigilo das questões, da necessidade de fiscalização para que não haja comunicabilidade entre os candidatos pessoal ou por meios eletrônicos, na nomeação de fiscais, no cumprimento do tempo estabelecido no edital para a realização da prova pelos candidatos, no recolhimento da provas, na desendentificação da provas etc.

Um concurso público pode vir a ser anulado se a Comissão de Concurso não diligenciar para que todas as etapas sejam realizadas com segurança e cumprimento fiel do edital.

Em alguns concursos, o candidato recebe, juntamente com as questões, um guia de instruções gerais contendo todas as explicações necessárias para que possa respondê-las com tranqüilidade. Em geral, são instruções necessárias: a conferência preliminar se o caderno de prova contém efetivamente o número de questões indicadas; se não existe erro; informações de como as questões deverão ser respondidas e assinaladas no cartão de leitura ótica; se o caderno com as questões e anotações ficará ou não com o candidato; se é possível a consulta de livros de doutrina, de códigos; se é admissível o uso de telefones celulares, máquina de calcular, fones de ouvido ou de qualquer outro tipo de aparelho telefônico; os procedimentos sobre rasuras etc.

16 – Da correção das provas

A correção de prova é uma das grandes dificuldades da Comissão de Concurso.

A dificuldade na formulação das questões objetivas é recompensada pela correção que se opera de forma automática.

Dificuldade mesmo existe na correção da prova discursiva. Por aplicação do princípio da isonomia e de que muitos candidatos que ainda não dominam a informática, ou a comissão não pode disponibilizar computadores para todos ou, se permitidos, nem todos dispõem desse utensílio, a prova discursiva ainda é manuscrita.

A dificuldade de correção de uma tal prova é que muitas vezes o candidato se expressa com uma grafia tão ilegível que é difícil, quando não impossível, entender o conteúdo escrito. Outra dificuldade é a de compreensão quando o candidato começa pelo fim e termina a dissertação pelo começo, criando uma balbúrdia tão ilógica que é difícil entender o que ele pretende. Outros ainda não pensam o que devem escrever: simplesmente escrevem e, não gostando, riscam ou tentam apagar com substâncias químicas o que escreveram, criando uma estrutura visual tormentosa ou grotesca.

Para uma boa correção de prova discursiva, é necessário que o examinador, previamente, estabeleça critérios objetivos para sua correção.

A Comissão de Concurso para juiz de direito substituto do Tribunal de Justiça do Estado do Rio Grande do Sul criou um critério objetivo para a correção das sentenças cível e criminal, dividindo a peça processual em quatro momentos distintos: relatório, fundamentação, disposição e apresentação lógica e vernacular, atribuindo a cada um deles um percentual específico máximo e subdividindo-o em tópicos aferíveis dentro do processo real já arquivado que serve de modelo.

A correção na prova oral é imediata. É sempre salutar que o examinador procure analisar a resposta do candidato logo após sua explanação.

17 – Da publicação das notas das provas

A correção das provas feita pela Comissão de Concurso só adquire validade administrativa depois de publicados.

Em geral, nos concursos de grande participação de candidatos, a publicação das notas da prova é antecedida pela publicação do gabarito. Isso é um ato administrativo salutar, porque distende o momento pós-concurso. Aos aprovados, a expectativa da classificação. Aos não-aprovados, a definição de que "desta vez não deu".

A publicação das notas deve obedecer ao critério descendente da maior para a menor, aplicando-se as regras de desempates previamente estabelecidas no edital ou na lei. Assim é plenamente admissível que se estabeleça que, no caso de empate na prova objetiva, seja melhor classificado aquele que obteve maior pontuação nesta ou naquela matéria. Outro critério é o da idade: para candidatos com notas idênticas, a preferência fica com o mais idoso. Ou seja, desde que o critério tenha sido previamente estabelecido e não carregue conotações de pessoalidade, ele é plenamente válido para a fixação de desempates na classificação dos candidatos.

O conhecimento das notas da prova pode se dar pela publicação em diário oficial da nominata de todos os candidatos ou, existindo previsão, de edital conciso indicando onde essa nominata pode ser disponibilizada.

Da publicação das notas começa a correr prazo para recurso.

18 – Do recurso administrativo

O concurso público é um processo administrativo complexo em que, de um lado, se coloca a Administração Pública e, de outro, cada um dos candidatos que dele participa. Numa visão tipicamente de processo civil, é como se houvesse um litisconsórcio entre a Administração Pública e os candidatos. Portanto, existem direitos e deveres processuais entre as partes envolvidas.

Nesta visão, a regra processual a ser cumprida pelos envolvidos é estabelecida no edital do concurso e, na sua ausência, pelos princípios de processo civil de forma subsidiária.

Sendo processo administrativo, qualquer decisão proferida pela Comissão de Concurso cabe recurso administrativo para a própria comissão ou para outro órgão hierarquicamente superior.

18.1 – Da fundamentação do recurso

Salvo nos casos de reexame necessário da decisão administrativa, expressamente previsto nas regras de processo administrativo aplicáveis ao concurso público, em que restou estabelecido que a decisão proferida pela Comissão de Concurso deveria ser submetida obrigatoriamente a órgão administrativo superior independentemente de manifestação dos candidatos, todo recurso administrativo interposto por candidato exige, além dos requisitos formais como o órgão superior a quem é dirigido, a qualificação do recorrente e o requerimento de reforma, com data e assinatura, a *fundamentação*, que são as razões pelas quais o recorrente procura convencer o segundo grau administrativo da necessidade de modificação da decisão recorrida.

Essa fundamentação deve apresentar as razões de fato e de direito pelas quais o recorrente procura demonstrar que a decisão administrativa da Comissão de Concurso feriu disposição do edital ou da lei.

Assim, não deve ser argumento recursal o conceito de justo ou injusto de uma nota, como por exemplo, ter o candidato tirado 4,9, quando a nota inferior é 5,0, já que a Comissão de Concurso, como Administração Pública, está vinculada ao princípio da legalidade e por isso mesmo não pode valorar individualmente esta ou aquela situação de candidato por ferir outro princípio igualmente vinculante, que é o princípio da isonomia. O órgão superior recursal, dentro de seu poder de suprimento do edital e de controle administrativo, pode estender a todos a regra de que quem tirou 4,9 deve ter a nota elevada para 5,0. Mas não deve, de forma individualizada, afirmar que a decisão da Comissão foi injusta. O órgão recursal, com esta decisão, estaria praticando ilegalidade, já que, tanto quanto a Comissão de Concurso, está vinculado a agir conforme a lei, mesmo que sua ação seja de controle recursal.

Recurso sem fundamentação ou com fundamentação desvinculada da decisão recorrida é não-recurso e por isso mesmo pode ser indeferido de plano. Trata-se do respeito ao *princípio da dialeticidade recursal*.[46]

18.2 – Da motivação da decisão recursal

Da mesma forma que a interposição de recurso administrativo exige razões de fato e de direito na sua interposição, o segundo grau administrativo tem o dever de motivar as causas do provimento e, especialmente, do improvimento.

Esta motivação pode ocorrer através de *manifestação própria ou imprópria*.

A *motivação própria* é quando o segundo grau administrativo fundamenta expressando suas próprias razões de decidir desta ou daquele forma e, *imprópria*, quando simplesmente adere à decisão anterior ou mesmo às razões do recurso.

O que não pode ocorrer é a decisão desprovida de motivação. Se isso vier a ocorrer, o ato administrativo é absolutamente nulo, devendo ser corrigido pelo próprio órgão administrativo ou controlado pelo Poder Judiciário.

---

[46] Sobre esse tema ver, de minha autoria, *Curso de Processo Administrativo*, Ob. cit.

19 – Do controle do concurso pelo Poder Judiciário e pelo Tribunal de Contas

O concurso público é um processo administrativo em que se alinham a Administração Pública, de um lado, e os candidatos, de outro, cujo ato inicial ocorre com a publicação do edital de abertura do concurso e termina com a superação dos candidatos no estágio probatório. Dessa forma, no seu andar para frente, que é a etimologia da própria palavra *processo,* são praticados inúmeros atos administrativos pela Comissão de Concurso, todos eles passíveis de controle imediato pelo Poder Judiciário ou posterior, pelo Tribunal de Contas, se não houver a devida autotutela administrativa.

O edital de concurso que estabeleça limite de idade e exija a apresentação de diploma por ocasião da inscrição; o questionamento sobre matéria não-prevista no conteúdo programático; a correção de prova sem motivação e o recurso sem fundamentação; a nomeação de candidato sem obediência à ordem de classificação são os exemplos mais comuns sobre a possibilidade de controle do concurso pelo Poder Judiciário.

O controle mais comum ocorre através do mandado de segurança, que é ação de rito especial típica para controlar a ilegalidade do ato administrativo concursal. No entanto, esta forma de controle tem limitações, já que seu objetivo é fazer com que o Poder Judiciário declare a nulidade do ato atacado. Através de mandado de segurança não se constituem direitos. Como ação especial que é, o mandado de segurança é impetrado contra o Presidente da Comissão de Concurso, e não contra a Comissão de Concurso.

Pretendendo efeitos mais abrangentes, o candidato deve interpor ação ordinária de nulidade de ato administrativo, cumulando-a com outro pedido, por exemplo, um possível dano moral. Só que neste caso, a ação deve ser interposta diretamente contra o ente público a quem está afeta a Comissão de Concurso, que é a pessoa jurídica pública (União, Estados, Distrito Federal, Municípios e autarquias) ou contra a pessoa jurídica privada com função administrativa (empresa pública, sociedade de economia mista e fundações).

O Tribunal de Contas também é órgão de controle externo do concurso público. De regra, esse controle se efetiva posteriormente. Todavia, não impede que isso ocorra no seu início ou durante a sua realização.

A diferença entre o controle judicial e o controle legislativo do Tribunal de Contas é a possibilidade de efetivação de suas decisões que tem o Poder Judiciário. A declaração de nulidade do concurso público pelo Tribunal de Contas cria apenas uma obrigação para a Administração Pública que o realiza, sem que o órgão fiscalizador possa efetivar o que decidiu, convertendo-se a desobediência em multa que deverá ser convertida em certidão de dívida ativa passível de execução fiscal.

20 – Do edital de aprovação

Superada a fase de provas ou de julgamento dos recurso a Comissão de Concurso deverá publicar a relação dos candidatos aprovados e a respectiva pontuação.

Como ato administrativo coletivo, qualquer dos candidatos, aprovados ou não, tem legitimidade recursal para discutir ilegalidades ocorridas nesta oportunidade.

21 – Da preclusão administrativa

Sendo o concurso público um processo administrativo coletivo, seus atos decisórios sofrem os efeitos da preclusão. Com isto, significa que, superado o prazo de manifestação para os interessados, estarão eles impedidos de retornarem administrativamente para discutir matéria já superada pela barreira da preclusão.

22 – Dos exames de aptidão física, psicológica ou psiquiátrica

Aprovado o candidato, sua nomeação é precedida de exames de aptidão física, psicológica e psiquiátrica.

O exame de aptidão física serve para demonstrar se o candidato não é portador de doença física que o incapacite para o cargo.

O exame de aptidão psicológica e psiquiátrica, mais complexo, determina se o candidato detém condições mentais para o cargo. Estes exames têm suscitado acalorados debates, mas, como regra geral, têm sido admitidos como perfeitamente cabíveis, especialmente nos concursos para a magistratura e Ministério Público.

Estes exames devem ter previsão na lei. Dessa forma, a instituição por ato exclusivo da Comissão do Concurso é exigência abusiva.

Previstos em lei, a declaração de inaptidão física, psicológica ou psiquiátrica, é plenamente admissível para afastar o candidato do concurso.

Isso decorre da circunstância de que a declaração de inaptidão é ato administrativo de natureza médica específica porque emanado ou por órgão médico da Administração que realiza o concurso, ou é a ele equiparado por delegação a particular. Portanto, sendo ato administrativo e tendo sido praticado com previsão legal, sua condição de manifestação legítima é uma decorrência. Ademais, os métodos de aferição da aptidão externados através de laudos são cientificamente aceitos.

A tentativa de se sobrepor esta manifestação através de declaração particular de aptidão é o mesmo que procurar adentrar no exame do mérito administrativo, que é juridicamente impossível.

23 – Da nomeação

Declarado apto o candidato e não sendo o concurso declarado nulo ou revogado por conveniência e oportunidade administrativa, segue-se a nomeação.[47]

---

[47] O STJ tem entendido que existe direito subjetivo à nomeação se o candidato foi classificado dentro das vagas previstas no edital durante o período de validade do concurso, como é exemplo o ROMS Nº15.034-rs, julgado em 19.02.2004, tendo como relator o Ministro Félix Fischer e foi assim ementado:
"ADMINISTRATIVO. CONCURSO PÚBLICO, NOMEAÇÃO, DIREITO SUBJETIVO. CANDIDATO CLASSIFICADO DENTRO DAS VAGAS PREVISTAS NO EDITAL. ATO VINCULADO.
Não obstante seja cediço, como regra geral, que a aprovação em concurso público gera mera expectativa de direito, tem-se entendido que, no caso do candidato classificado dentro das vagas prevists no Edital, há direito subjetivo à nomeação durate o período de validade de concurso. Isso porque, nessa hipótese, estaria a Administração adstrita ao que fora estabelecido no edital docertame, razão pela qual a nomeação fugiria ao campo da discricionariedade, passando a ser ato vinculado. Precedentes do STJ e STF. Recurso provido".

Nomeação, do latim *nominatione*, é o ato administrativo formal pelo qual o poder público designa o candidato aprovado em concurso público para o respectivo cargo ou emprego público. O ato de nomeação pode ser individual ou coletivo, mas em qualquer caso deve ser respeitada a ordem de classificação. O desrespeito a essa ordem implica nulidade.

O momento da nomeação é discrição administrativa que por isso mesmo pode fazê-la até a data final de validade do concurso. Neste interregno, não tem o candidato aprovado qualquer direito de ser nomeado.

Dúvida surge quando a administração não anula, porque não existe ilegalidade, não manifesta qualquer intenção de revogar, mas também não nomeia o candidato aprovado em concurso público durante o prazo de validade do concurso. A omissão geraria direito ao candidato? O desenvolvimento do concurso até a nomeação indica claramente a intenção administrativa de prover o cargo ou o emprego público, por via de conseqüência, a omissão incorre em abuso de poder, podendo isso ser corrigido pela Administração ou pelo Poder Judiciário.

Também ocorre em abuso de poder a Administração que, em plena validade de concurso público e com existência de candidatos aprovados, promove a contratação temporária e emergencial de pessoal.

É possível à Administração realizar um novo concurso estando o anterior ainda em plena validade. O que não pode é a nomeação de candidatos do último concurso antes da nomeação do último do primeiro. A nomeação assim feita caracteriza ato administrativo nulo.

A nomeação está vinculada ao respectivo cargo ou emprego público para o qual foi realizado o concurso público. Constitui ato administrativo nulo a nomeação de candidato para cargo ou emprego público diferente daquele objeto do concurso.

O concurso público para investidura em cargo público significa que tal cargo é efetivo, por isso não pode ser nomeado alguém em comissão. A ilegalidade desse ato é absoluta, podendo ser declarada pela própria Administração ou pelo Poder Judiciário.

24 – Da posse

O concurso não termina com a nomeação. Atos posteriores estão a ele vinculados, como são a posse, o exercício, o estágio probatório e a aquisição da estabilidade.

Posse é o ato administrativo solene pelo qual alguém, aprovado em concurso público, é investido no respectivo cargo para o qual foi nomeado. Com a posse, o candidato entra no gozo dos direitos e vantagens e assume os deveres do cargo ou emprego público, mas de forma ainda precária.

A posse é formalizada através de termo.

Extinto o cargo ou o emprego público, mesmo já tendo ocorrido a posse, o servidor ou o empregado público será exonerado independentemente de processo administrativo.

Ainda não estável, já que a estabilidade só ocorre superado o estágio probatório, o servidor público não será relocado.

25 – Do exercício

Exercício é o efetivo desempenho do cargo do candidato nomeado.

O exercício pode ocorrer no mesmo momento da posse ou em momento posterior.

Em geral, o prazo para concessão de férias, licenças ou vantagens pecuniárias é contado do efetivo exercício, e não da posse.

O exercício integra o conceito de concurso público que se estende até a aquisição da estabilidade.

26 – Do estágio probatório

Estágio probatório é o período de 3 (três) anos durante o qual o candidato ao cargo ou ao emprego público é aferido quanto à aptidão, disciplina, idoneidade moral, assiduidade e eficiência antes de ser confirmado.

Superada esta etapa, o candidato, agora servidor ou empregado público, se torna efetivo.

Demonstrado, através de devido processo administrativo, que não demonstra afinidade com o cargo, o candidato é exonerado, e não demitido, porque demissão é nomenclatura própria de quem sofreu sancionamento e teve por isso mesmo seu vínculo cortado com a Administração Pública.

27 – Da estabilidade

Estabilidade é a situação de permanência definitiva que adquire o servidor público depois de superado o estágio probatório de 3 anos.

Adquirida a estabilidade, o servidor público não poderá ser exonerado. Sua demissão somente poderá ocorrer através de decisão proferida em processo administrativo em que lhe seja assegurados o contraditório e a ampla defesa ou através de sentença em processo judicial.

Adquirida a estabilidade, mesmo que extinto o cargo, o servidor público ou será colocado em disponibilidade remunerada ou aproveitado em cargo de atribuições semelhantes.

Parte II

Questões objetivas sobre Direito Administrativo

Considerações gerais

Os concursos públicos que envolvem um grande número de vagas produzem uma avalancha de candidatos que buscam a segurança do serviço público. Isso cria para a Comissão de Concurso uma enorme dificuldade. E a saída é a aplicação de prova através de questões objetivas.

Nos concursos públicos destinados ao preenchimento de vagas para as carreiras jurídicas, sempre são formuladas questões objetivas sobre direito administrativo.

As questões a seguir apresentadas são originárias de quase uma centena de concursos públicos envolvendo as carreiras de magistrado, Ministério Público e advogado público, com o diferencial que foram separadas das suas origens e agora agrupadas por temas específicos com dois propósitos: primeiramente, o de facilitar a vida do candidato que, estudando determinado tema, teria condições de responder as questões sobre ele formuladas com um maior grau de facilidade e, em segundo lugar, oferecer-lhe uma informação interessante, que é a importância dada pelas comissões de concursos a esse ou àquele tema pela quantidade de questões sobre ele formuladas, já que todas elas são oriundas de concursos públicos reais.

É importante alertar que algumas questões foram adaptadas à atual realidade do direito administrativo e que outras, pela especificidade do edital, podem conter respostas só aparentemente duvidosas, mas que encontrariam explicações no conteúdo editalizado.

1 – Administração pública

1. O princípio básico da legalidade na Administração Pública consiste em que o(s):
a) Os atos administrativos estão sempre na lei.
b) Administrador pode fazer tudo o que a lei não proíbe.
c) Administrador só pode fazer o que a lei permite.
d) Ato administrativo só pode ser anulado em juízo.
e) Ato administrativo deve sempre ser fundamentado.

2. Assinale a resposta correta.
O desvio de finalidade da Administração Pública ocorre quando:
a) O agente pratica o ato visando fim diverso daquele previsto, explícita ou implicitamente, na regra de competência.
b) O ato não se inclui nas atribuições legais do agente que o praticou.
c) Omitida no ato alguma formalidade indispensável á sua validade.
d) O ato administrativo não é publicado.
e) O resultado do ato importa em violação da lei.

3. Assinale a resposta correta.
Uma entidade autárquica é considerada:
a) Órgão autônomo, sem personalidade jurídica.
b) Pessoa jurídica de direito público, de natureza administrativa, criada por lei, para a realização das atividades, obras ou serviços descentralizados da entidade que a criou.
c) Pessoa jurídica de direito privado.
d) Empresa pública, concessionária de serviço público.
e) Entidade estatal destinada à execução de atividade econômica, sob forma de sociedades comerciais.

4. Assinale a resposta correta.
São consideradas pessoas jurídicas de direito público:
a) As autarquias e as empresas públicas.
b) A União e suas autarquias.
c) As empresas públicas e as fundações públicas.
d) As autarquias e as sociedades de economia mista.
e) Nenhuma das alternativas está correta.

5. As pessoas físicas que ocupam os cargos que compõem a estrutura de governo, ligados ao exercício de atribuições constitucionais, são denominadas:
a) Agentes honoríficos.
b) Agentes administrativos.
c) Agentes delegados.
d) Agentes políticos.
e) Nenhuma das respostas.

6. Assinale a resposta correta.
O poder discricionário:
a) Vincula o administrador à forma e finalidade do ato.
b) Não permite ao administrador praticar o ato com os critérios de conveniência e oportunidade.
c) Permite ao administrador exceder os limites da lei.
d) É sinônimo de poder arbitrário.
e) Nenhuma das respostas.

7. Assinale a alternativa correta.
   a) As entidades paraestatais são pessoas jurídicas de direito público.
   b) As sociedades de economia mista não gozam de privilégios fiscais exclusivos.
   c) As autarquias são pessoas jurídicas de direito privado.
   d) As fundações públicas deverão ser criadas por lei específica.
   e) As empresas públicas gozam de prazo dobrado para contestar.

8. O desvio de poder, decorrente da suspensão de concorrência para a realização de obra que poderia favorecer inimigo político do chefe do Poder Executivo, é vício do ato administrativo que atenta contra o princípio da:
   a) Isonomia, que exige tratamento igualitário entre os concorrentes.
   b) Legalidade, do qual é o reverso.
   c) Continuidade do serviço público, que, suspensa a concorrência, se veria interrompido.
   d) Imparcialidade, que exige isenção da autoridade ao julgar concorrências.
   e) Nenhuma das respostas.

9. É incorreto afirmar que a sociedade de economia mista:
   a) Somente pode ser criada após a autorização legislativa específica, assumindo a forma de sociedade anônima.
   b) Poderá criar as subsidiárias desde que autorizada a tanto por legislativo específico.
   c) É um cometimento estatal, personalizado, associado a capitais particulares, para a consecução de fins públicos.
   d) Deve sempre assumir a forma de sociedade em comandita por ações e ter maioria de capital privado.
   e) Está obrigada a admitir seus empregados através de concurso público, excetuadas as funções de confiança.

10. Assinale a alternativa incorreta.
    a) O princípio da legalidade explicita a subordinação da atividade administrativa à lei.
    b) A legalidade, como princípio de administração, significa que o administrador público está sujeito aos mandamentos da lei.
    c) O princípio da legalidade permite que o administrador possa tudo, menos o que a lei expressamente tipifica como proibido.
    d) A atividade administrativa só pode ser exercida nos termos de autorização contida no sistema legal.
    e) O administrador deve ater-se aos comandos legais.

11. A autarquia pode ser caracterizada corretamente como:
    a) Pessoa jurídica distinta do Estado, com subordinação hierárquica e de controle estatal.
    b) Pessoa jurídica cujo capital seja formado apenas por recursos de pessoas de direito público interno.
    c) Pessoa jurídica de direito privado, que desempenha, por imposição legal, atividade típica da administração pública.
    d) Pessoa jurídica de direito público, criada por lei, para realizar serviço público típico do Estado.
    e) Pessoa jurídica de direito público cuja criação é autorizada por lei.

12. Pessoa jurídica de direito privado, cuja criação é autorizada por lei específica, com capital exclusivamente público, para realizar atividade de interesse da administração instituidora nos moldes da iniciativa particular, podendo revestir qualquer forma e organização empresarial, é conceito jurídico de:

a) Fundação governamental.
b) Sociedade de economia mista.
c) Ente paraestatal.
d) Empresa pública.
e) Autarquia privada.

13. "**Mecanismo de frenagem da Administração Pública contra os abusos de direito individual**" **é uma forma de conceituar:**

a) Poder de polícia.
b) Poder vinculado.
c) Poder discricionário.
d) Poder hierárquico.
e) Poder regulamentar.

14. Em relação às sociedades de economia mista, pode-se dizer:

I – São pessoas jurídicas de direito privado, com participação do poder público e de particulares no seu capital e na sua administração.
II – Quando utilizadas para explorar atividades econômicas, devem operar sob as mesmas normas aplicáveis às empresas privadas, inclusive quanto às obrigações trabalhistas e tributárias.
III – O seu pessoal não está sujeito à proibição constitucional de acumulação de cargos, empregos ou funções.

Quanto às afirmativas acima:
a) Apenas I e II estão corretas.
b) Apenas I e III estão corretas.
c) Apenas II e III estão corretas.
d) Apenas a I está correta.
e) Todas estão corretas.

15. A natureza jurídica da autarquia administrativa é de:

a) Pessoa jurídica de direito privado.
b) Pessoa jurídica de direito público interno.
c) Pessoa jurídica de direito privado de fins públicos.
d) Pessoa política autônoma e descentralizada.
e) Pessoa jurídica de direito público centralizada.

16. Assinale a resposta correta.

O poder de regulamentar uma lei:
a) É de natureza legislativa.
b) É exclusivo do chefe do Poder Executivo.
c) Dá ao administrador o poder de complementar a lei.
d) É o mesmo que poder discricionário.
d) Compreende todos os elementos acima mencionados.

17. As autarquias e as empresas públicas, como integrantes da administração federal indireta, equiparam-se entre si pelo fato de que ambas são:

a) Pessoas administrativas, com personalidade jurídica própria.
b) Pessoas administrativas, sem personalidade jurídica própria.
c) Pessoas jurídicas de direito público interno.
d) Pessoas jurídicas de direito privado.
e) Pessoas ou entidades políticas estatais.

18. Quando a valoração da conveniência e oportunidade fica ao critério da Administração, para decidir sobre a prática de determinado ato, isto consubstancia na sua essência e de forma correta:
   a) A sua eficácia.
   b) A sua executoriedade.
   c) A sua motivação.
   d) O poder vinculado.
   e) O mérito administrativo.

19. A atividade da Administração Pública que, limitando ou disciplinando direitos, interesses ou liberdades individuais, regula a prática de ato ou abstenção de fato, em razão do interesse público, nos limites da lei e com observância do devido processo legal, constitui afirmação que correta e propriamente diz respeito ao exercício do poder:
   a) De domínio.
   b) De polícia.
   c) Disciplinar.
   d) Hierárquico.
   e) Regulamentar.

20 A Administração Pública, como tal prevista na Constituição Federal (art. 37) e na legislação pertinente (Decreto-Lei nº 200/67, com alterações supervenientes), não abrange:
   a) As concessionárias de serviço público em geral.
   b) As fundações públicas.
   e) As empresas públicas.
   d) Os Municípios.
   e) O Distrito Federal.

21. Assinale a alternativa correta.
   a) Poder vinculado é aquele derivado de delegação de autoridade administrativa hierarquicamente superior, e se vincula às ordens desta autoridade.
   b) O poder regulamentar é aquele atribuído aos chefes de poder para a interpretação de lei no âmbito de suas competências e pode ser delegado por decreto.
   c) O poder discricionário é aquele que o direito concede à Administração para a prática de atos administrativos com liberdade de escolha quanto à conveniência e oportunidade.
   d) Poder hierárquico é aquele que dá ao executivo a possibilidade de distribuir e escalonar as funções de seus órgãos, mas não poderá rever a atuação dos agentes que ocupam este órgão, que somente poderão ser modificadas por ordem judicial.
   e) Todas as afirmações estão corretas.

22. Assinale a alternativa que não retrata um dos princípios constitucionais aplicáveis à Administração Pública:
   a) Legalidade.
   b) Impessoalidade.
   c) Moralidade.
   d) Regularidade.
   e) Publicidade.

23. No exercício de suas atividades, a Administração Pública deve obedecer a princípios acerca dos quais é incorreto dizer que:

a) O desatendimento do princípio da legalidade poderá expor o administrador à responsabilização administrativa, civil e criminal.
b) A observância da legalidade não é suficiente, devendo o ato do administrador se ajustar à moralidade e à finalidade administrativas.
c) O princípio da impessoalidade veda a promoção pessoal de autoridades ou servidores públicos sobre suas realizações.
d) A motivação dos atos administrativos somente é exigida nos atos discricionários.
e) Cabe ao Poder Público o exercício da autotutela, facultando-se-lhe a revogação e a anulação de seus atos.

24. O julgamento é a decisão proferida pela autoridade ou órgão competente sobre objeto do processo administrativo. Esse julgamento para ser correto:

a) Deverá se basear nas conclusões do relatório.
b) Deverá ser motivado, sendo lícito ao julgador argumentar com fatos estranhos ao processo.
c) Se baseia, normalmente, nas conclusões de relatório, mas pode desprezá-las ou contrariá-las.
d) Poderá ser anulado pelo Poder Judiciário, se comprovada injustiça.
e) Nenhuma das afirmações.

25. O regime jurídico administrativo, posto em relação com o direito privado, acarreta a assertiva correta de que:

a) Os poderes administrativos são insuscetíveis de controle judicial.
b) O interesse particular sobrepõe-se ao da Administração Pública.
c) O poder de polícia não interfere nos direitos e nas liberdades individuais.
d) Só lei pode desconstituir o ato jurídico perfeito e acabado.
e) O interesse público sobrepõe-se ao dos particulares.

26. No âmbito da Administração Pública, a lei regula determinadas situações de forma tal que não resta para o administrador qualquer margem de liberdade na escolha do conteúdo do ato administrativo a ser praticado. Ao contrário, em outras situações, o administrador goza de certa liberdade na escolha do conteúdo, da conveniência e da oportunidade do ato que poderá ser praticado. Acerca desse importante tema para o direito administrativo – discricionariedade ou vinculação administrativa e possibilidade de invalidação ou revogação do ato administrativo –, julgue os seguintes itens, assinalando com c ou e, respectivamente, a assertiva certa ou errada:

a) O ato discricionário não escapa do controle efetuado pelo Poder Judiciário.
b) A discricionariedade administrativa decorre da ausência de legislação que discipline o ato. Assim, não existindo proibição legal, poderá o administrador praticar o ato discricionário.
c) Um ato discricionário deverá ser anulado quando praticado por agente incompetente.
d) Ao Poder Judiciário somente é dado revogar o ato vinculado.
e) O ato revocatório desconstitui o ato revogado com eficácia *ex nunc*.

27. No âmbito do chamado poder de polícia constitui afirmação correta, entre outras, a seguinte:

a) Expressão poder de polícia abrange tanto o ato do Legislativo quanto do Executivo e do Judiciário.
b) Poder de polícia é o mesmo que poder discricionário.
c) Poder de polícia é a faculdade, de que dispõe a Administração, para condicionar e restringir o uso e gozo de bens, atividades e direitos de particulares contrastantes com os interesses sociais.

d) São atributos peculiares ao poder de polícia a discricionariedade, a supra legalidade e a coercibilidade.
e) Nenhuma resposta está correta.

28. Assinale a assertiva correta.

O poder de polícia:
a) É exercitável somente pelo Poder Judiciário, órgão de poder encarregado pela Administração na prestação destes serviços públicos.
b) É auto-executável pela Administração, não necessitando para isso da intervenção do Poder Judiciário.
c) Como objeto de direito administrativo, compreende a polícia administrativa, a polícia judiciária e a polícia de manutenção da ordem pública.
d) É privativo de certos órgãos públicos.
e) É o mesmo que poder regulamentar.

29. Quando o tema é poder hierárquico, é vedado ao superior:

a) A permanente vigilância dos atos praticados pelos subordinados.
b) Avocar atribuições que a lei tenha conferido a um subordinado, sem exclusividade.
c) Rever os atos dos subordinados, apreciando-os em todos os aspectos, para mantê-los ou desconstituí-los.
d) A edição de atos normativos que impliquem aos subordinados o dever de obediência.
e) A delegação de atribuições que a lei lhe configura, com exclusividade.

30. O administrador da coisa pública:

I – Pode fazer tudo que a lei não proibir.
II – Só pode fazer o que a lei permitir.
III – Pode criar seus próprios limites, mediante norma regulamentar.
Analisando as afirmativas acima, verifica-se que:
a) Todas estão corretas.
b) Apenas a I está correta.
c) Apenas a II está correta.
d) Apenas a III está correta.
e) Apenas a I e a II estão corretas.

31. O poder de polícia, expressão técnica do direito público, eqüivalente ao inglês *police power*, **possui os seguintes atributos específicos e peculiaridades ao seu exercício:**

a) Discricionaridade, auto-executividade e coercibilidade.
b) Impessoalidade, legalidade e auto-executoriedade.
c) Discricionariedade, coercibilidade e legalidade.
d) Impessoalidade, legitimidade e legalidade.
e) Moralidade, legalidade e coercibilidade.

32. O Ministério da Justiça:

a) É uma pessoa jurídica de direito privado.
b) É uma pessoa jurídica de direito privado indireta.
c) É um órgão público.
d) É uma autarquia.
e) Integra a administração indireta.

33. O Banco Central é:

a) Uma sociedade de economia mista.
b) Um órgão autônomo integrante da administração federal direta.

c) Um órgão autônomo vinculado ao poder legislativo.
d) Uma autarquia federal.
e) Uma empresa pública.

34. Assinale a assertiva incorreta:

a) As empresas públicas, assim como as autarquias e as sociedades de economia mista, são criadas por lei.
b) Os atos discricionários externam a vontade do administrador e os vinculados, do legislador.
c) O que caracteriza o contrato administrativo é a participação da administração, derrogando normas de direito privado e agindo sob a égide do direito público.
d) Quando se fale em desapropriação, é possível afirmar-se que o bem expropriado, uma vez incorporado ao patrimônio público, torna-se insuscetível de reivindicação.
e) Todas estão incorretas.

35. Assinale a resposta correta.

O princípio constitucional do devido processo legal:
a) Não é aplicável ao procedimento administrativo, porquanto a administração não pode ser tutelada.
b) É o mesmo que o princípio da verdade sabida.
c) Não é aplicável quando a infração administrativa comina pena de advertência.
d) Se exaure no respeito ao contraditório, ampla defesa e previsão recursal.
e) Todas as respostas estão erradas.

36. Assinale a resposta correta.

São princípios que informam toda a ação administrativa:
a) O interesse privado e autotutela.
b) A presunção da verdade e a especialidade.
c) A materialidade e o "in dubio pro reo".
d) A legalidade e o interesse público.
e) A hierarquia e o interesse difuso.

37. Assinale a resposta correta.

O que a doutrina chama de *interna corporis*:
a) É um tipo de corporação de direito público, como a OAB.
b) São os chamados atos internos do poder público.
c) São os atos vinculados que sofrem o controle do Poder Judiciário.
d) São as manifestações públicas de vontade do agente público.
e) É uma forma de controle da Administração Pública.

38. Assinale as assertivas com c ou e, respectivamente para as certas ou erradas.

Um dos poderes mais importantes da Administração é o Poder de Polícia. É legítimo afirmar-se a este respeito:
a) O poder de polícia pode ser exercido pela União, Estados ou Município bem como por qualquer um dos poderes, Executivo, Legislativo e Judiciário.
b) Uma das características do exercício do poder de polícia é a auto-executoriedade, que significa não necessitar a Administração, nesses casos, de mandado judicial para fazer valer suas decisões.
c) A auto-executoriedade ínsita ao poder de polícia não exime a Administração do devido processo administrativo com defesa assegurada, constituindo abuso de poder qualquer atuação sem este requisito.

d) Não é ato decorrente do "poder de polícia" nesta questão referenciada a prisão de um delinqüente em flagrante, efetuada por um policial civil.

e) O poder de polícia, por ser ato administrativo discricionário, não pode ser controlado pelo Poder Judiciário.

39. É correto afirmar-se que no exercício do poder disciplinar:

a) O discricionarismo da Administração se estende à escolha e graduação da pena dentre as que estiverem enumeradas em lei.

b) Quando existente a prova material, é cabível a demissão sumária, independentemente de processo administrativo, bastando que se colha a versão do superior hierárquico.

c) É dispensável a descrição típica do fato para configurar a falta disciplinar.

d) A aplicação da sanção disciplinar tem caráter facultativo para o administrador.

e) O delito funcional não acarreta necessariamente a responsabilidade disciplinar.

40. Assinale a assertiva correta:

Em decorrência do princípio da moralidade administrativa, expressamente incorporada no art. 37 da Constituição Federal, são de obediência estrita, no âmbito da Administração, as regras proibitivas apontadas a seguir:

a) Em nenhuma hipótese será admitida a contratação de pessoal temporário, sem a exigência de prévia aprovação em concurso público.

b) A contratação para realização de compras, obras ou serviços, dependerá, sempre, de licitação, sob a modalidade de concorrência pública.

c) São imprescritíveis os crimes cometidos contra a Administração Pública, se deles resultarem prejuízos para o erário.

d) Qualquer cidadão é parte legítima para, na forma da lei, denunciar irregularidade aos Tribunais ou Conselhos de Contas.

e) A investidura em emprego público é discrição administrativa.

41. Assinale a resposta correta.

O conceito de *mérito administrativo* não é de fácil fixação, contudo poderá ser identificada sua presença sempre que:

a) A Administração expedir o ato tendo como limite a sua conveniência ou oportunidade.

b) Houver decisão administrativa, ainda que sem valoração dos motivos.

c) Houver decisão administrativa com ou sem escolha do objeto.

d) O Poder Judiciário tenha entendido ato semelhante como sendo de mérito.

e) A Administração decidir ou atuar não valorando internamente as vantagens do ato.

42. O dever de obediência é manifestação do princípio da:

a) Continuidade.
b) Tutela administrativa.
c) Hierarquia.
d) Auto-executividade.
e) Impessoalidade.

43. O poder de polícia, fato gerador de taxas, é uma atividade administrativa que limita ou disciplina, em nome do interesse público, a (os):

a) Segurança, higiene ou ordem.
b) Costumes, produção ou mercado.
c) Desapropriação.
d) Direito, interesse ou liberdade individuais.
e) Direitos individuais, sociais ou coletivos.

44. Considere as seguintes informações:

I – Segundo o princípio da impessoalidade, a Administração Pública tem que tratar a todos os administrados sem discriminações, benéficas ou detrimentosas.
II – O exercício da atividade administrativa é feito principalmente pelo Poder Executivo, mas o Poder Judiciário e o Poder Legislativo também exercem tal tipo de atividade.
III – Autarquias são pessoas jurídicas de direito privado integrantes da administração pública indireta.
Quais estão corretas?
a) Apenas I e II.
b) Apenas I e III.
c) Apenas II e III.
d) Apenas III
e) Todas estão corretas.

45. São princípios ou regras constitucionais, de observância obrigatória no âmbito da Administração Pública da União, Estados, Distrito Federal e Municípios os indicados a seguir, devendo ser assinaladas todas as respostas com c ou e, respectivamente para as certas e erradas:

a) Em regra depende de prévia aprovação em concurso público a nomeação para cargos ou empregos públicos, em todas as esferas de poder.
b) Somente as pessoas jurídicas de direito público podem ser responsabilizadas pelos danos que seus agentes, nessa qualidade, causarem a terceiros.
c) Os atos de improbidade administrativa importarão a perda dos direitos políticos e a inabilitação permanente, do respectivo responsável, para o exercício do cargo, emprego ou função na Administração Pública.
d) O acesso a cargos, empregos ou funções públicas é assegurado aos portadores de deficiência, independentemente de aprovação em concurso público, até o limite de 20% do total das vagas existentes nos quadros dos órgãos ou entidades da administração pública.
e) As contrações emergenciais e temporárias podem ser determinadas por ato administrativo sob o fundamento da oportunidade e conveniência da Administração Pública.

46. Assinale a alternativa incorreta:

a) As autarquias são pessoas jurídicas de direito público, de natureza meramente administrativa, criadas por lei específica.
b) Os Municípios são pessoas jurídicas de direito público, de natureza administrativa, instituídos por legislação específica.
c) As sociedades de economia mista são pessoas jurídicas de direito privado, com criação autorizada por lei específica e se destinam à realização de obras e serviços de interesse coletivo.
d) As fundações estatais são pessoas jurídicas de direito público, criadas por autorização de lei específica, e com as atribuições estabelecias no seu ato de instituição.
e) As empresas públicas são pessoas jurídicas de direito privado, cuja criação é autorizada por lei específica, para realização de obras e serviços.

47. Assinale a resposta correta.

A interpretação das normas de direito administrativo, embora não refratária à aplicação analógica das regras do direito privado, singulariza-se pelos elementos indicados a seguir:
a) Penhorabilidade de bens dominiais.
b) Presunção absoluta de legitimidade dos atos administrativos.

c) Revogabilidade e anulabilidade dos atos administrativos, por motivos de conveniência ou oportunidade, insuscetíveis de avaliação judicial.
d) Disponibilidade dos interesses públicos, em razão do poder discricionário atribuído a todos os agentes públicos.
e) Desigualdade jurídica entre a administração e os administrados.

48. Quanto ao Poder Judiciário tutelar e Administração Publica, é correto afirmar-se:

a) Ele o faz exclusivamente através de mandado de segurança.
b) De nenhuma forma ele deve adentrar no mérito do ato administrativo, mesmo que se alegue vício de moralidade.
c) Ele apenas anula o ato administrativo.
d) Ele também revoga o ato administrativo.
e) Ele tanto anula como revoga o ato administrativo.

49. Assinale a resposta certa:

Os princípios administrativos que norteiam a Administração Pública são:
a) Legalidade, pessoalidade, eficiência, moralidade e publicidade.
b) Legalidade, pessoalidade, coletividade, exação e publicidade.
c) Legitimidade, impessoalidade, moralidade e exação.
d) Legalidade, moralidade, impessoalidade , publicidade e eficiência.
e) Legitimidade, moralidade, impessoalidade e publicidade e eficiência.

50. Assinale a resposta correta.

As pessoas jurídicas de direito público responderão pelos danos que os seus servidores, nessa qualidade, causarem a terceiros:
a) Somente nos casos de dolo.
b) Somente nos casos de culpa
c) Somente nos casos de negligência
d) Assegurado o direito de regresso nos casos de dolo ou culpa.
e) Nenhuma resposta é correta.

51. Assinale a resposta correta.

O poder discricionário e o poder arbitrário:
a) Ambos se apoiam na lei.
b) Ambos são contrários à lei.
c) Ambos têm o mesmo significado.
d) Ambos são permitidos à Administração.
e) Não se confundem, pois o primeiro se apoia na lei e o segundo fere a lei.

52. Assinale a resposta correta.

Quando determinada lei autoriza a Administração Pública a praticar atos, estabelecendo as condições de sua formalização, confere poder:
a) De polícia.
b) Vinculado.
c) Discricionário.
d) Disciplinar.
e) Regulamentar.

53. Assinale a resposta correta.

As autarquias federais, por sua natureza, são consideradas pessoas:
a) Políticas.
b) Administrativas, com personalidade jurídica de direito privado.

c) Jurídicas de direito privado.
d) Administrativas, sem personalidade jurídica própria.
e) Jurídicas de direito público.

54. Sobre a personalidade das entidades e dos órgãos que integram a Administração, é correto afirmar:

a) Tanto as empresas públicas como as sociedades de economia mista possuem personalidade jurídica de direito privado.
b) As empresas públicas têm personalidade jurídica de direito público, enquanto as sociedades de economia mista possuem personalidade de direito privado.
c) Os ministérios, as autarquias e as fundações instituídas pelo poder público têm personalidade jurídica própria, de direito público;
d) As autarquias e os órgãos públicos são pessoas jurídicas de direito público.
e) Nenhuma alternativa é correta

55. Assinale a alternativa que contém a afirmação correta;

a) O regime de precatórios se aplica apenas e tão-somente aos pagamentos devidos pela Administração Direta.
b) As sociedades de economia mista e as empresas públicas estão obrigadas a recrutar pessoal mediante concurso público e devem, em face disso, adotar regime estatutário, exceto para os ocupantes de cargos diretivos.
c) As empresas públicas são pessoas jurídicas de direito privado, criadas por lei específica, com capital social majoritariamente público, para a realização de interesse da administração instituidora.
d) As sociedades de economia mista são pessoas de direito privado, criadas por decreto, com a participação do poder público e dos particulares no capital social e na administração.
e) A fazenda pública tem o prazo em quádruplo para contestar e em dobro para recorrer.

56. Assinale a alternativa incorreta:

a) O princípio da legalidade explicita a subordinação da atividade administrativa à lei.
b) A legalidade, como princípio de administração, significa que o administrador público está sujeito aos mandamentos legais.
c) O princípio da legalidade permite que o administrador possa tudo, menos o que a lei expressamente tipifica como proibido.
d) O administrador deve a ter-se aos comandos legais.
e) O princípio da legalidade não é aplicável à empresa pública.

57. Assinale a alternativa correta:

a) As autarquias são pessoas jurídicas de direito privado, de natureza meramente administrativa, criadas por lei específica.
b) Os Municípios são pessoas jurídicas de direito público, de natureza administrativa, instituídos por legislação específica federal.
c) As sociedades de economia mista são pessoas jurídicas de direito privado, criada por lei específica e se destinam à realização de obras e serviços de interesse coletivo ou atividade econômica.
d) As fundações são sempre pessoas jurídicas de direito público, cuja criação é autorizada por lei específica, e com as atribuições estabelecidas no seu ato de instituição.
e) As empresas públicas são pessoas jurídicas de direito privado, cuja criação é autorizada por lei específica, para realização de obras e serviços.

58. Assinale a resposta incorreta:

O estado democrático moderno tem como tendência a redução da discricionariedade da administração. Diante disso é possível afirmar-se:
a) Como a discricionariedade não se confunde com arbitrariedade, o princípio clássico estabelece que os atos discricionários podem ser avaliados pelo Poder Judiciário no que toca à conveniência e oportunidade.
b) O agente administrativo não pode omitir-se de praticar ato vinculado nem mesmo sob a alegação de inconveniência para a Administração.
c) A omissão – na prática de ato vinculado – que já perdura há 240 dias pode ser atacada via mandado de segurança, já que não ocorreu decadência.
d) Mesmo discricionário o ato administrativo se submete às exigências da competência, forma e finalidade.
e) Todas as assertivas estão corretas.

59. Sobre as autarquias, é correto afirmar que:

a) São pessoas jurídicas de direito público, porém se submetem ao regime jurídico próprio das empresas privadas.
b) São pessoas jurídicas de direito privado de capital exclusivamente público.
c) São pessoas jurídicas de direito público, cuja criação prescinde de lei específica.
d) São pessoas jurídicas de direito público, que, embora despersonalizadas, integram a administração direta, respondendo, por exceção, subjetivamente pelos danos causados por seus agentes a terceiros, assegurado o direito de regresso.
e) São pessoas jurídicas de direito público que respondem objetivamente pelos danos que seus agentes, nessa qualidade, causarem a terceiros, assegurado o direito de regresso contra o responsável apenas nos casos de dolo ou culpa.

60. As autarquias são:

a) Pessoas jurídicas de direito privado, criadas por autorização legislativa para desempenho de atividades típicas do estado.
b) Pessoas jurídicas de direito público, criadas para prestação de serviços públicos ou para desempenho de atividade econômica.
c) Pessoas jurídicas de direito privado criadas para desempenho de atividades econômicas que o estado, por imperativo de defesa nacional ou por relevante interesse público, é levado a exercer.
d) Pessoas jurídicas de direito público, criadas por lei específica para desempenho de atividades típicas do estado.
e) Criadas por lei específica, podendo adotar qualquer modalidade societária, devendo o estado controlar a maioria do capital. Desempenha atividade econômica ou presta serviços públicos.

61. As autarquias:

a) São entes administrativos autônomos, com personalidade de direito privado.
b) São entes administrativos autônomos, com personalidade de direito público interno.
c) Não estão sujeitas, como entes administrativos autônomos, ao controle da entidade estatal a que pertencem.
d) Não têm patrimônio próprio.
e) Não têm atribuições estatais específicas.

62. Assinale a resposta correta.

As autarquias federais:
a) São pessoas políticas.

b) Possuem personalidade jurídica de direito privado.
c) São órgãos públicos.
d) Não tem personalidade jurídica própria.
e) Possuem personalidade jurídicas de direito público.

63. **Assinale a alternativa que contém a afirmação correta.**

a) O pessoal das autarquias está sujeito necessariamente ao regime celetista, uma vez que integrantes da administração indireta.
b) Empresas públicas são pessoas jurídicas da administração indireta, cuja criação é autorizada por lei específica, com capital exclusivamente público.
c) Na licitação pública para a execução de obras e serviços, é dispensável o projeto básico exigindo-se apenas o projeto executivo.
d) O patrimônio das sociedades de economia mista é composto de bens públicos da administração direta e da indireta.
e) Somente o Ministério Público poderá requerer à administração pública os quantitativos das obras e preços unitários de determinada obra executada.

64. **As chamadas fundações públicas são consideradas integrantes da administração pública indireta. Diante disso, elas:**

I – São criadas por lei específica.
II – Têm capacidade jurídica de pessoa jurídica de direito público.
III – São entidades equiparada às empresas públicas.
Analisando as assertivas acima, verifica-se que:
a) Todas estão erradas.
b) Apenas a I está correta.
c) Apenas a II está correta.
d) Apenas a III está correta.
e) Apenas a I a II estão corretas.

65. **Assinale a assertiva correta.**

A titulação genérica de Administração Pública, usada pelo legislador constituinte de 1988, ao tratar da organização do estado, para efeito de sujeição dos seus atos à obediência de determinados princípios fundamentais e à observância de outras exigências, restrições ou limitações ali declinadas, abrange e alcança:
a) Os órgãos públicos, exceto os dos Poderes Legislativo e Judiciário.
b) Os órgãos públicos federais, estaduais e municipais, exceto dos poderes legislativo e judiciário.
c) Os órgãos dos três poderes quer os da União, dos Estados, do Distrito Federal como os dos Municípios.
d) Os órgãos dos três poderes e as entidades descentralizadas, exceto dos Estados e Municípios.
e) As autarquias, excetuando as empresas públicas e sociedades de economia mista.

66. **Assinale a resposta correta.**

A diferença fundamental entre a empresa pública e a sociedade de economia mista reside precisamente:
a) Na sujeição ao regime jurídico próprio das empresas privadas, inclusive quanto às obrigações trabalhistas e tributárias.
b) No controle acionário do capital social, pelo Poder Público.
c) Na intensidade de participação do Poder Público no seu capital social.
d) Na natureza específica do tipo de atividade desenvolvida.
e) Na sua personalidade jurídica.

67. A administração federal indireta é integrada por entidades ou pessoas jurídicas. Dentre as especificações abaixo, assinale aquela que se enquadra como uma dessas pessoas ou entidades:

a) Autarquia: pessoa jurídica de direito público, criada por lei, com personalidade jurídica, patrimônio e receita próprios, para executar atividades típicas da Administração Pública, que requeiram, para seu melhor funcionamento, gestão administrativa e financeira descentralizada.
b) Fundação pública; entidade dotada de personalidade de direito público, sem fins lucrativos, criadas por lei ou decreto, para a realização de atividades de interesse público de caráter não econômico.
c) Empresa pública: entidade de direito público, mas com personalidade de direito privado, criada para exercer atividades econômicas em regime de monopólio estatal.
d) Sociedade de economia mista: entidade pública criada por lei, ou por decisão de acionista majoritário tomada em assembléia para esse fim especialmente convocada, com personalidade jurídica de direito privado, destinada a exercer atividade econômica não monopolizada, podendo revestir qualquer das formas societárias legalmente permitidas.
e) Município, pessoa jurídica de direito público, criada por lei federal mediante prévia autorização de lei estadual.

68. Sobre a personalidade das entidades e dos órgãos que integram a Administração é correto afirmar:

a) Tanto as empresas públicas como as sociedades de economia mista possuem personalidade jurídica de direito privado.
b) As empresas públicas têm personalidade jurídica de direito público, enquanto as sociedades de economia mista possuem personalidade de direito privado.
c) Os ministérios, as autarquias e as fundações instituídas pelo Poder Público têm personalidade jurídica própria, de direito público.
d) As secretarias de estado são entes públicos.
e) As autarquias e as fundações são pessoas jurídicas privadas.

69. Diante destas afirmações:

I – As empresas públicas podem adotar qualquer forma societária dentre as em direito admitidas, ao passo que as sociedades de economia mista terão obrigatoriamente a forma de sociedade anônima.
II – A atividade de polícia administrativa é imposta coercitivamente aos administrados e se traduz, de regra, pela imposição de dever de abstenção e será sempre discricionária.
III – Ocorre excesso de poder quando a autoridade, embora competente para praticar o ato, vai além do permitido e exorbita no uso de suas faculdades administrativas.
Quais estão corretas:
a) Apenas I e II.
b) Apenas I e III.
c) Apenas II.
d) Apenas II e III.
e) Todas estão corretas.

70. Assinale com c ou e, respectivamente, as assertivas certas ou erradas.

Na administração pública brasileira:
a) As empresas públicas possuem personalidade jurídica de direito privado, mas estão sujeitas ao dever de licitar.
b) Compete à Justiça Federal julgar as causas em que são parte as empresas públicas federais.

DIREITO ADMINISTRATIVO – CONCURSO PÚBLICO

c) A União tem prazo em quádruplo para responder e em dubro para recorrer.
d) Uma empresa pública pode ter sócio privado.
e) As sociedades de economia mista somente podem ser criadas por lei específica, o mesmo não se dando com as suas subsidiárias.

71. Assinale a resposta correta:

a) As entidades paraestatais são criadas por lei, e seu patrimônio é exclusivamente público.
b) As fundações públicas têm personalidade jurídica de direito privado e estão sujeitas à fiscalização do Tribunal de Contas.
c) A empresa pública tem sua criação autorizada por lei e, portanto, é constituída, organizada e controlada pelo poder público e tem personalidade jurídica de direito privado.
d) As autarquias são entes que integram a administração direta e gozam de autonomia política.
e) As autarquias não têm prazo em quádruplo para contestar e em dobro para recorrer.

72. Assinale a resposta incorreta.

As autarquias caracterizam-se:
a) Pelo desempenho de atividades tipicamente estatais.
b) Por serem entidades dotadas de personalidade jurídica de direito público.
c) Por beneficiarem-se dos mesmos prazos processuais aplicáveis à administração pública centralizada.
d) Como entes prestadores de serviços públicos dotados de autonomia administrativa.
e) Por integrarem a administração pública centralizada.

73. Assinale a alternativa que contém a afirmação correta:

a) As autarquias, quando rés, têm prazo em dobro para contestar e em quádruplo para recorrer.
b) As causas que envolvem fundações públicas federais serão sempre de competência da Justiça Federal.
c) Desapropriação indireta é ônus real de uso público do bem particular, inindenizável.
d) A desistência da desapropriação é possível até a incorporação do bem ao patrimônio público.
e) O exercício do poder de polícia administrativa impõe apenas restrições indenizáveis ao exercício dos direitos de propriedade e da liberdade.

74. De acordo com o direito administrativo, a personalidade jurídica de direito público é conferida a determinados entes, em razão do desempenho de função pública própria e típica. Diversamente, à entidade será atribuída personalidade jurídica de direito privado, em razão do desempenho de função pública atípica, delegada pelo Estado. Em razão disso, assinale a afirmação incorreta:

a) A União é pessoa jurídica de direito público externo.
b) Os Estados e os Municípios são pessoas jurídicas de direito público interno.
c) As sociedades de economia mista são pessoas jurídicas de direito privado.
d) As fundações públicas são pessoas jurídicas de direito privado.
e) As autarquias e os partidos políticos são pessoas jurídicas de direito público interno.

75. Assinale a resposta correta.

A empresa pública:
a) É pessoa jurídica de direito público regida por normas de direito público, salvo quanto à contratação de pessoal.

b) Tem personalidade de direito privado, mas está sujeita à fiscalização do Tribunal de Contas.
c) Somente pode ser criada por lei pela União.
d) É pessoa jurídica de direito público cujo capital é inteiramente público.
e) Não pode ser criada para explorar uma atividade econômica.

76. **Assinale a alternativa que contém a afirmação correta:**

a) A pessoa jurídica de direito privado prestadora de serviço público responde subjetivamente pelos danos que seus agentes, nessa qualidade, causarem a terceiros.
b) A empresa pública é pessoa jurídica de direito privado, que somente pode ser criada por lei específica.
c) As sociedades de economia mista somente podem ser criadas por decreto.
d) As ilhas dos rios e lagos públicos interiores pertencem aos Municípios e as dos rios e lagos limítrofes com estados estrangeiros são do domínio da União.
e) A proibição de acumulação remunerada de cargos públicos comporta exceções constitucionais.

77. **Assinale a afirmação correta:**

a) A atuação funcional do agente público não é imputável à administração.
b) Os agentes políticos estão sujeitos ao regime jurídico único dos servidores públicos previstos na Constituição Federal.
c) Agentes administrativos são membros do poder, que se vinculam ao estado por relações profissionais.
d) Os agentes administrativos têm plena liberdade funcional, e sua responsabilidade civil decorre de culpa grosseira, má-fé ou abuso de poder.
e) As prerrogativas dos agentes políticos são garantias constitucionais ao pleno exercício das funções governamentais e decisórias,

78. **O sistema administrativo de jurisdição única é também chamado de sistema:**

a) Epistemológico.
b) Executivo.
c) Do talião.
d) Do contencioso.
e) Judiciário.

79. **Um dos poderes do administrador é aquele que distribui as funções administrativas, em atenção às necessidades e conveniências do serviço público, a servidores subordinados executores de ordens. Esse conceito se insere no poder:**

a) Vinculado.
b) Hierárquico.
c) Disciplinar.
d) Regulamentar.
e) Discricionário.

80. **O ato administrativo que infringe as regras legais de competência ou quando se desvia da finalidade pública, é chamado de:**

a) Usurpação.
b) Desvio de finalidade.
c) Abuso de poder.
d) Caráter social da lei.
e) Imoralidade.

81. A respeito da pessoa jurídica de direito público Município é possível afirmar-se corretamente:

a) A fiscalização do Município será exercida pelo Poder Legislativo Municipal, mediante controle externo, e pelos sistemas de controle interno do Poder Executivo Municipal, na forma da lei.
b) A lei orgânica municipal deve ser aprovada por maioria simples e em votação única.
c) O número de vereadores deve ser proporcional ao eleitorado municipal e nunca será inferior a 11.
d) O subsídio do Prefeito é fixado por ato da Mesa Diretora da Câmara Municipal;
e) O Prefeito Municipal, quando acusado de prática de improbidade administrativa, deverá ser julgado perante o Tribunal de Justiça.

82. Assinale a afirmação correta:

A administração é obrigada a policiar os próprios atos administrativos editados, anulando-os de ofícios, por iniciativa própria, quando ilegais, revogando-os, quando inoportunos ou inconvenientes, e isso em decorrência do princípio:
a) Da continuidade administrativa.
b) Da especialidade da função hierárquica.
c) Da autotutela administrativa.
d) Da liberdade objetiva.
e) Da hierarquia administrativa.

83. O administrador da coisa pública;

I – Pode fazer tudo que a lei não proibir.
II – Em nome no interesse público seu agir é absolutamente discricionário.
III – Desde que alegue necessidade pública, pode dispensar a licitação para contratar.
Assinale a resposta correta:
a) Todas estão corretas.
b) Apenas a I está correta.
c) Apenas a II está correta.
d) apenas a III está correta.
e) Nenhuma das afirmativas está correta.

84. Tomando por base o tema administração pública, verifique as seguintes assertivas:

I – A autarquia é um órgão da administração indireta criada por lei específica.
II – A fundação e a sociedade de economia mista são pessoas jurídicas, a primeira de direito público e a segunda de direito privado, cuja criação necessita de autorização legal.
III – Os Municípios são pessoas jurídicas de direito público criadas por lei estadual no período autorizado por lei complementar federal.
Diante disso, qual a resposta correta?
a) Apenas a I.
b) Apenas a II.
c) Apenas a III.
d) Apenas a I e a II.
e) Todas as assertivas estão corretas.

85. Tome por base o tema administração pública e verifique as seguintes assertivas:

I – A investidura no cargo público depende de aprovação prévia em concurso de provas ou de títulos.
II – O emprego público é regido pela CLT daí porque é de livre nomeação e exoneração da Administração Pública.

III – Os cargos, empregos e funções públicas são acessíveis exclusivamente aos brasileiros.
Qual a resposta correta?
a) Apenas a I.
b) Apenas a II.
c) Apenas a III.
d) Apenas a I e a II.
e) Todas estão erradas.

86. Sobre o *princípio da legalidade administrativa* observe as seguintes assertivas:
I – A Administração Pública pode fazer tudo que lhe permitir a lei, enquanto o particular pode fazer tudo aquilo que não for proibido por lei.
II – A ação administrativa contrária à lei tem efeitos ex tunc.
III – O princípio da legalidade é um limitador do poder discricionário.
Diante disso, qual a resposta correta?
a) Apenas a I.
b) Apenas a II.
c) Apenas a III.
d) Apenas a I e a III.
e) Todas estão corretas.

87. O poder discricionário e o poder arbitrário:
a) Não se confundem, pois o primeiro se apoia na lei e o segundo fere a lei.
b) Ambos são contrários à lei.
c) Ambos têm o mesmo significado.
d) Ambos se apoiam na lei.
e) Ambos são permitidos à Administração Pública.

88. O que a doutrina chama de autotutela administrativa é o:
a) Poder da administração de revisar seus próprios atos.
b) Controle da administração pelo Poder Legislativo.
c) Controle da administração pelo Poder Judiciário.
d) Poder de polícia que a administração exerce sobre o particular.
e) Exercício do poder discricionário da administração.

89. Quando uma autoridade administrativa exerce sua competência para alcançar um fim diverso de interesse público, com vulneração do princípio constitucional da impessoalidade, estará configurando a hipótese de
a) Incompetência.
b) Desvio de finalidade.
c) Inexistência de motivos.
d) Poder discricionário.
e) Vício de forma.

90. Assinale a resposta correta.
No exercício das atribuições de controle externo da Administração Pública, compete ao Tribunal de Contas da União apreciar as contas anuais do Presidente da República
a) Mediante parecer prévio, para julgamento pelo Supremo Tribunal Federal.
b) Julgando-as.
c) Mediante parecer prévio, para julgamento pela Câmara dos Deputados.
d) Mediante parecer prévio, para julgamento pelo Senado Federal.
e) Mediante parecer prévio, para julgamento pelo Congresso Nacional.

2 – Ato Administrativo

1. Assinale a resposta correta:

Os atos da Administração Pública têm a seu favor a presunção de:
a) Legitimidade.
b) Individualidade.
c) Igualdade.
d) Sociabilidade.
e) Arbitrariedade.

2. Assinale a resposta correta:

O ato administrativo de atuação interna que visa normatizar o funcionamento de órgãos colegiados e corporações legislativas é denominado:
a) Resolução.
b) Regimento.
c) Regulamento.
d) Deliberação.
e) Edital.

3. Assinale a resposta correta:

Dentre outros, são requisitos dos atos administrativos:
a) A forma e o objeto.
b) O tempo e o local.
c) A territorialidade e a forma.
d) Os sujeitos e a territorialidade.
e) O momento e a discricionariedade.

4. Assinale a resposta correta:

A revogação do ato administrativo, editado pelo Poder Executivo, pode ser feita:
a) Pelo Poder Executivo e pelo Poder Legislativo, por ilegalidade ou conveniência, respectivamente, no último caso obedecido o quorum regimental.
b) Pelo Poder Judiciário, em decorrência de ilegalidade comprovada.
c) Pelo Poder Executivo e pelo Poder Judiciário, em decorrência de ilegalidade comprovada.
d) Pelo Poder Legislativo, apenas por razões de oportunidade e sempre obedecido o *quorum* regimental.
e) Pelo Poder Executivo, que editou o ato, por razões de conveniência e oportunidade.

5. Assinale a resposta correta:

Licença, em direito administrativo, é:
a) O ato discricionário, unilateral, pelo qual se faculta, a título precário, o exercício de determinada atividade material que sem ela seria vedada.
b) O ato unilateral, discricionário, pelo qual se faculta, ao particular, a execução de obras e serviços de utilidade pública.
c) O ato convencional pelo qual o particular pede e o poder público outorga alvará de edificação em bem imóvel de propriedade do primeiro.
d) O ato vinculado, unilateral, pelo qual se faculta o exercício de determinada atividade material que sem ela seria vedada.
e) O ato de controle de outro ato jurídico pelo qual se dá eficácia ao primeiro.

6. Assinale a resposta correta:

Enquanto não for decretada a invalidade, o ato administrativo nulo pode ser executado em razão:
a) Da necessidade de assegurar direitos de terceiro.
b) Da presunção de veracidade.
c) Da presunção de legitimidade.
d) Da autorização legislativa.
e) Do atributo da imperatividade.

7. Assinale a alternativa incorreta:

a) Atos de império ou de autoridade são todos aqueles que a administração pratica usando de sua supremacia sobre o administrado ou servidor e lhes impõe obrigatório atendimento.
b) Atos de gestão são os que a administração pratica sem usar de sua supremacia sobre os destinatários.
c) Atos de expediente são atos de rotina interna, sem caráter vinculante e sem forma especial.
d) Atos administrativos gerais ou regulamentares são aqueles expedidos contra destinatários determinados sem finalidade normativa.
e) Tratando-se de atos vinculados, impõe-se à Administração o dever de motivá-los.

8. Assinale a resposta correta.

Os elementos do ato administrativo são:
a) Agente capaz, objeto lícito e forma prescrita ou não defesa em lei.
b) Competência, objeto, forma e causa.
c) Capacidade do agente, competência, objeto, forma e motivo.
d) Competência, objeto, forma, motivo e finalidade.
e) Capacidade do agente, competência, objeto, forma, motivo e finalidade.

9. Assinale a resposta correta.

O ato administrativo é válido:
a) Quando expedido em absoluta conformidade com as exigências do sistema normativo.
b) Quando está disponível para a produção de alguns efeitos.
c) Só quando não depender de qualquer evento posterior.
d) Quando esgotadas as fases necessárias à sua produção.
e) Quando não disponível para todos os efeitos.

10. Assinale a resposta correta.

O ato administrativo editado para extinguir, com efeitos futuros, um ato anterior, por razões de conveniência e oportunidade, chama-se:
a) Invalidação.
b) Cassação.
c) Revogação.
d) Anulação.
e) Revisão.

11. Assinale a resposta correta.

Dentre outros, são atributos dos atos administrativos,
a) A forma e o objeto.
b) O tempo e o local.
c) A territorialidade e a forma.
d) Os sujeitos e a territorialidade.
e) A presunção de legitimidade e a autoexecutoriedade.

DIREITO ADMINISTRATIVO – CONCURSO PÚBLICO

12. **Em relação à invalidação dos atos administrativos pode-se dizer que:**
    I – No caso de ilegalidade do ato, a própria Administração pode anulá-lo.
    II – Ocorrendo revogação de ato administrativo, são válidos os efeitos por ele produzidos até o momento de sua revogação.
    III – O Poder Judiciário pode revogar atos praticados pela Administração.
    São corretas:
    a) Apenas as afirmativas I e II.
    b) Apenas as afirmativas I e III.
    c) Apenas as afirmativas II e III.
    d) Todas as afirmativas.
    e) Apenas a afirmativa I.

13. **Em relação à invalidação dos atos administrativos pode-se dizer que:**
    I – No caso de ilegalidade do ato, a Administração e o Poder Judiciário podem anulá-lo.
    II – Ocorrendo revogação de ato administrativo, aplicá-se o efeito ex tunc.
    III – O Poder Judiciário pode revogar atos praticados pela Administração quando eivados de vício de imoralidade.
    São corretas:
    a) Apenas a I.
    b) Apenas a II.
    c) Apenas as afirmativas I e III.
    d) Apenas as afirmativas II e III.
    e) Todas as afirmativas.

14. **Assinale a afirmativa correta.**
    São atributos do ato administrativo:
    a) Discricionariedade, impessoalidade e coercibilidade.
    b) Discricionariedade, impessoalidade e moralidade.
    c) Discricionariedade, auto-executoriedade e coercibilidade.
    d) Legalidade, moralidade e coercibilidade.
    e) Nenhuma das respostas.

15. **Assinale a resposta correta.**
    O ato administrativo a que falte um dos elementos essenciais de validade:
    a) É considerado inexistente independente de qualquer decisão administrativa ou judicial.
    b) Goza da presunção de legalidade, até decisão em contrário.
    c) Deve por isso ser revogado pela própria Administração
    d) Só pode ser anulado por decisão judicial
    e) Não pode ser anulado pela própria administração

16. **Assinale a resposta correta.**
    Um ato administrativo estará caracterizando desvio de poder, por faltar-lhe o elemento relativo à finalidade de interesse público, quando quem o praticou violou o princípio básico da:
    a) Economicidade.
    b) Eficiência.
    c) Impessoalidade.
    d) Legalidade.
    e) Moralidade.

17. **Assinale a alternativa incorreta:**
    a) O ato administrativo composto distingue-se do ato administrativo complexo, porque o primeiro é formado pela vontade única de um órgão, sendo apenas ratificado por outra

autoridade, ao passo que o segundo se forma com a conjugação de vontades de diversos órgãos.
b) O ato administrativo simples é o que resulta da manifestação de vontade de um único órgão, unipessoal ou colegiado, independente do número de pessoas que participam da sua formação.
c) O poder disciplinar é uma faculdade punitiva interna da Administração e abrange as infrações relacionadas com o serviço.
d) A competência do Poder Judiciário para a revisão de atos administrativos restringe-se ao controle da legalidade do ato impugnado.
e) A discrição e a regulamentação são poderes da Administração.

18. **Os atos administrativos gozam da presunção de legitimidade. Sendo assim é correto afirmar:**
a) A presunção de legitimidade decorre de norma legal que a estabeleça.
b) A imediata execução dos atos administrativos fica sobrestada até a efetiva apreciação de sua validade e eficácia.
c) A presunção de legitimidade decorre do princípio da executoriedade prévia.
d) Decorre desta presunção o fenômeno da inversão do ônus da prova para quem alega invalidade do ato administrativo;
e) A presunção de legitimidade é o fundamento pelo qual a Administração Pública pode sustentar o descumprimento de liminar em mandado de segurança.

19. **Sobre a extinção dos atos administrativos é correto afirmar:**
a) A extinção do ato administrativo por motivos de conveniência e oportunidade, tendo em vista o primado da supremacia do interesse público sobre o privado, opera com efeitos *ex tunc*.
b) A extinção do ato administrativo eivado de vícios de legalidade é de competência exclusiva do Poder Judiciário, já que, pelo princípio da presunção de legitimidade dos atos dessa natureza, a Administração não pode anulá-los.
c) A extinção por razões de conveniência e oportunidade pode ser levada a efeito tanto pelo Poder Judiciário como pela própria Administração, operando com efeitos *ex nunc*.
d) A revogação pode ser declarada tanto pela Administração como pelo Poder Judiciário.
e) nenhuma alternativa é correta.

20. **Assinale a resposta correta.**
A Administração é obrigada a policiar os próprios atos administrativos editados, anulando-os de ofício, por iniciativa própria, quando ilegais, revogando-os, quando inoportunos ou inconvenientes, e isso em decorrência do princípio:
a) Da continuidade administrativa.
b) Da especialidade da função.
c) Da autotutela administrativa.
d) Da liberdade de imprensa.
e) Da hierarquia administrativa.

21. **Assinale a resposta correta.**
O conjunto de atos coordenados para a obtenção de decisão sobre uma controvérsia no âmbito administrativo é chamado:
a) Inquérito judicial.
b) Processo administrativo.
c) Atos interna corporis.
d) Atos de gestão.
e) Recurso administrativo.

22. Assinale a assertiva incorreta:

a) A revogação é a declaração de inviabilidade de um ato administrativo ilegítimo ou ilegal feita pela própria administração ou pelo Poder Judiciário.
b) O desvio de finalidade, verdadeira violação ideológica da lei, afigura-se como vício nulificador do ato administrativo lesivo ao patrimônio publico.
c) Configura-se como ato administrativo discricionário a escolha, por parte do reitor, após a apreciação de lista tríplice votada pela congregação, de diretor das unidades universitárias federais.
d) Conceitua-se atos de gestão como aqueles que a Administração pratica sem usar de sua supremacia sobre os destinatários.
e) O mandado de segurança é uma forma de controle judicial do ato administrativo.

23. Entre os elementos sempre essenciais à validade dos atos administrativos não se inclui o da:

a) Forma própria.
b) Motivação.
c) Condição resolutiva.
d) Finalidade.
e) Autoridade competente.

24. Assinale a resposta correta.

a) Nos atos administrativos vinculados apenas a competência e a finalidade são elementos vinculados.
b) Discricionariedade é a ação do administrador público contrária ou excedente à lei.
c) O regulamento não pode ser considerado como um ato administrativo geral e normativo.
d) A auto-executoriedade, com a promulgação da Constituição Federal de 1988, não pode mais ser considerada como atributo do poder de polícia administrativa.
e) As sanções do poder de polícia sempre estão sujeitas aos princípios da legalidade e proporcionalidade.

25. Assinale a resposta correta.

O princípio da legalidade dos atos administrativos, como princípio informativo do direito administrativo, induz à conseqüência de que
a) O administrador público só pode agir de conformidade com a lei.
b) Os atos administrativos são sempre discricionários.
c) Os atos administrativos porventura ilegais são considerados inexistentes.
d) Os atos administrativos são considerados válidos e eficazes, enquanto não forem declarados nulos.
e) Os atos ilegais podem ser sempre convalidados.

26. Assinale a resposta correta.

Dentre as diversas espécies ou tipos de atos administrativos, podem ser mencionados os conceituados a seguir:
a) Ato complexo: aquele para cuja validade são exigidos, simultaneamente, requisitos formais e materiais.
b) Ato vinculado: aquele cuja prática é privativa de agentes públicos especialmente legitimados e que por isso não pode ser delegada.
c) Ato normativo: aquele que estabelece regras gerais e abstratas, para a correta aplicação da lei.
d) Ato de império: aquele que, expressando a supremacia da Administração, não está sujeito a controle ou desfazimento judicial.
e) Nenhuma das respostas.

27. **Assinale a resposta correta.**

Os atos administrativos:
a) Necessitam de demonstração de sua conformidade à legalidade.
b) Presumem-se verdadeiros e conformes ao direito, até prova em contrário.
c) São sempre verdadeiros e conformes ao direito, não se admitindo prova em contrário.
d) São sempre legais, pelo princípio da responsabilidade objetiva.
e) Presumem-se verdadeiros, sendo a presunção *iuris et de iure*.

28. **Sobre a finalidade, como requisito do ato administrativo, é correto afirmar:**

a) Haverá vício de finalidade quando o administrador praticar o ato buscando um objetivo alheio ao interesse público.
b) Haverá vício de finalidade quando o administrador observar de maneira incompleta as formalidades indispensáveis à existência do ato.
c) Haverá vício de finalidade quando o ato não estiver motivado.
d) Haverá vício de finalidade quando o agente que o emite é incompetente.
e) nenhuma alternativa é correta.

29. **Motivo, em direito administrativo,**

a) É pressuposto de fato que autoriza ou exige a prática do ato.
b) Deve estar especificado em lei.
c) Cinge-se apenas ao interesse da administração.
d) É questão que se insere no inteiro poder discricionário do administrador.
e) Não integra a vontade política do legislador.

30. **Assinale a resposta correta.**

O desvio de poder:
a) Verifica-se quando a autoridade, mesmo atuando nos limites de sua competência, pratica o ato por motivos ou com fins diversos dos objetivados pela lei ou exigidos pelo interesse público.
b) Ocorre quando a discrição administrativa não tem como limite o critério legal da competência.
c) Ocorre somente com afronta expressa de lei.
d) Ocorre somente quando existe deliberada vontade do agente.
e) Exige má-fé do administrador.

31. **Assinale a alternativa que contém a afirmação correta:**

a) As licenças são atos administrativos discricionários e precários.
b) A auto-executoriedade dos atos administrativos é a possibilidade de imediata e direta execução pela própria Administração Pública, sem prévia ordem judicial.
c) A presunção de legitimidade dos atos administrativos é atributo específico dos atos normativos.
d) As permissões de uso do bem público são atos administrativos vinculados.
e) Os atos administrativos vinculados são aqueles que a Administração Pública pode praticar com liberdade de escolha do seu conteúdo, de sua conveniência ou oportunidade.

32. **Assinale a assertiva correta:**

O ato administrativo:
a) Tem como atributos a competência, finalidade, forma, motivo e objeto.
b) Quando discricionário, sua motivação está vinculada à lei.
c) Quando praticado por autoridade incompetente, tem validade, desde que esta autoridade seja do Tribunal de Contas.

DIREITO ADMINISTRATIVO – CONCURSO PÚBLICO

d) Quando discricionário, é passível de apreciação judicial, porém somente quanto à legalidade e à forma, vedada a apreciação da finalidade, prerrogativa exclusiva da autoridade competente.

e) quando vinculado, fica a critério da autoridade competente.

33. Assinale a alternativa que contém a afirmação incorreta:

a) As apostilas são atos enunciativos ou declaratórios de uma situação anterior criada por lei.

b) Contrato de concessão de uso do bem público é o destinado a conferir ao particular a faculdade de utilizar um bem público, devendo, em princípio, ser precedido de licitação.

c) A interdição administrativa de atividade é ato administrativo punitivo.

d) A administração pública pode, ela mesma, anular atos ilegítimos ou ilegais.

e) O processo administrativo disciplinar não é suficiente para a imposição de pena de demissão ao servidor estável, exigindo-se sentença transitada em julgado.

34. Assinale a resposta correta.

Considera-se o ato administrativo válido:

a) Quando expedido em absoluta conformidade com as exigências do sistema normativo.

b) Quando está disponível para a produção de alguns efeitos.

c) Só quando não depender de qualquer evento posterior.

d) Quando esgotadas as fases necessárias à sua produção.

e) Quando não disponível para todos os efeitos.

35. Assinale a resposta correta.

O ato administrativo poderá ser revisto:

a) Pelo Poder Judiciário quanto ao seu mérito, conveniência e oportunidade.

b) Pelo Poder Judiciário somente quanto à legalidade e conveniência.

c) Pelo Poder Judiciário somente quando à conveniência e forma.

d) Pelo Poder Judiciário somente quanto à sua forma e legalidade.

e) Pela própria Administração somente antes de produzir seus efeitos.

36. Sobre os atos administrativos é correto afirmar:

a) Em face do princípio da independência dos poderes, somente o Poder Executivo pratica atos administrativos.

b) A Administração, sempre que pratica um ato regido pelo direito privado, liberta-se de todos os princípios de direito público, inclusive o da licitação.

c) A Administração pratica exclusivamente atos administrativos, jamais agindo em pé de igualdade em relação ao administrado.

d) nenhuma alternativa é correta.

37. Assinale a resposta correta.

A licença para construir:

a) Pode ser anulada, bem como revogada, tanto pelo Judiciário como pela Administração.

b) Não pode ser anulada nem revogada.

c) Pode ser anulada, mas não pode ser revogada.

d) Não pode ser anulada, mas pode ser revogada.

e) Pode ser anulada, desde que pelo Judiciário, bem como revogada, desde que pela Administração.

38. Não é necessário processo administrativo disciplinar no caso de:

a) Exoneração.

b) Suspensão.

c) Demissão.

d) Cassação de aposentadoria.
e) Cassação de disponibilidade.

39. O ato administrativo, cujo resultado seja considerado infringente do princípio constitucional da impessoalidade (art. 37 da Constituição Federal), estará naturalmente falho no elemento essencial de validade referente a:
a) Competência.
b) Finalidade.
c) Objeto.
d) Forma.
e) Motivo.

40. Com relação aos atos administrativos, assinale a alternativa incorreta:
a) A anulação do ato administrativo somente poderá ser feita pelo Poder Judiciário.
b) Considera-se vinculado o ato administrativo quando a lei indica a única alternativa a ser adotada pela Administração Pública.
c) A imperatividade é um dos atributos do ato administrativo.
d) O Poder Judiciário, por seus diversos órgãos e agentes, quando desempenha atividades administrativas, também pratica atos administrativos.
e) A cassação é modalidade de extinção de um ato administrativo em razão da identificação de irregularidade na sua execução.

41. Quando se fala sobre atos discricionários, é possível afirmar-se com correção:
a) A liberdade de escolha é do administrador, mas pode o Judiciário exercer o controle judicial, adentrando no exame do seu mérito.
b) A norma reguladora da conduta do administrador descreve antecipadamente a situação em vista da qual será suscitado o comportamento do administrador.
c) O administrador não tem a faculdade de escolha, estando limitado pelo enunciado da lei.
d) O administrador avaliará sobre o melhor meio de dar satisfação ao interesse público por força da determinação legal.
e) Não cabe reexame pelo Judiciário, visto que ela fica na conveniência e oportunidade do administrador.

42. O ato administrativo pode ser revogado:
I – Por ter sido praticado por autoridade incompetente.
II – Por não mais conveniente para a Administração Pública.
III– Por ferir direito líquido e certo do particular.
Analisando as assertivas acima, verifica-se que:
a) Todas são corretas.
b) Apenas a I está correta.
c) Apenas a II está errada.
d) Todas estão erradas.
e) Apenas a I e a II estão corretas.

43. Os atos administrativos gozam de presunção de legitimidade. Contudo, isto não impede (assinale a resposta incorreta):
a) Sua revogação com eficácia, ex nunc, atendendo a conveniência ou interesse da Administração, respeitado os direitos adquiridos.
b) Sua invalidação com eficácia ex tunc por conter vício de nulidade, já que deles não se originam direitos.
c) Sua invalidação com eficácia ex nunc por conter vício de anulabilidade, respeitando-se os efeitos já produzidos até a data da anulação.

d) Sua renovação, livre dos vícios anteriores, a qualquer tempo, se houver conveniência ou interesse da administração em reeditá-lo.

44. Quando se fala sobre os atributos dos atos administrativos, é correto se afirmar:

a) A Administração, ao encontrar resistência do administrado à execução de um ato administrativo, deve recorrer sempre ao Poder Judiciário, tendo em vista o princípio elementar segundo o qual a ninguém é dado fazer justiça com as próprias mãos.
b) O ato administrativo, tendo em vista a supremacia de poder inerente à Administração Pública, é dotado de presunção *jure et de jure* de legitimidade.
c) a Administração, tendo em vista a imperatividade de seus atos, pode, unilateralmente, constituir os administrados em obrigações.
d) nenhuma alternativa é correta.

45. O ato administrativo:

I – É perfeito, quando esgotadas as fases necessárias à sua produção.
II – É válido, quando foi expedido em absoluta conformidade com as exigências do sistema normativo.
III – É eficaz, quando está disponível para a produção de seus efeitos próprios, ou seja, quando o desencadear de seus efeitos típicos não se encontra dependente de qualquer evento posterior, como uma condição suspensiva, termo inicial ou ato controlador a cargo de outra autoridade.

Analisando as afirmativas acima, verifica-se que:
a) Todas estão corretas.
b) Apenas a I e a II estão corretas.
c) Apenas a I e a III estão corretas.
d) Apenas a II e a III estão corretas.
e) Todas estão erradas.

46. Assinale a resposta correta.

Os elementos do ato administrativo são:
a) agente capaz, objeto lícito e forma prescrita ou não defesa em lei.
b) Competência, objeto, forma e causa.
c) capacidade do agente, competência, objeto, forma e motivo.
d) Competência, objeto, forma, motivo e finalidade.
e) Capacidade do agente, competência, objeto, forma, motivo e finalidade.

47. O ato, relativo a servidor, que configura caso simultâneo de provimento e vacância do cargo público:

a) Reversão.
b) Readaptação.
c) Recondução.
d) Redistribuição.
e) Reintegração.

48. O conjunto de atos coordenados para a obtenção de decisão sobre um litígio no âmbito administrativo é chamado:

a) Processo administrativo
b) Inquérito judicial.
c) Atos de gestão.
d) Atos *interna corporis*.
e) Recurso administrativo.

49. Assinale a resposta correta.

Entre os elementos sempre essenciais à validade dos atos administrativos não se inclui o da:
a) Forma própria.
b) Motivação.
c) Inegixibilidade.
d) Finalidade.
e) Autoridade competente.

50. Assinale a resposta correta a esta pergunta: qual o conceito de *interna corporis*?
a) É um tipo de corporação de direito público, como a Ordem dos Advogados do Brasil.
b) É um órgão da Administração Pública.
c) São manifestações de vontade do agente público.
d) São os atos vinculados que sofrem o controle do Poder Judiciário.
e) Nenhuma das respostas.

51. Assinale a resposta correta.

Os atos administrativos no direito brasileiro:
a) Possuem auto-executoriedade.
b) Só podem ser revogados pelo Poder Judiciário quando ilegais.
c) Podem ser invalidados ou revogados pelo controle jurisdicional.
d) Estão sujeitos a controle, quer sejam discricionários, quer sejam vinculados.
e) Só podem ser examinados pelo Poder Judiciário em sede de mandado de segurança e ação popular.

52. Marque a resposta correta.

Ato discricionário
a) É a liberdade de agir do administrador dentro dos limites da lei.
b) É o mesmo que ato arbitrário, pois o administrador não deve ter limite na busca do bem-estar social.
c) Como o contrato administrativo, necessita de prévia licitação para validade plena.
d) Não sofre qualquer controle jurisdicional, mesmo que com vício de finalidade, pois isso significaria intervenção do Poder Judiciário na Administração.
e) Como espécie de ato jurídico que é, pode ser praticado por agente administrativo incapaz.

53. Assinale a alternativa que contém a afirmação incorreta:

a) A presunção de legitimidade é atributo de todos os atos administrativos.
b) Os atos administrativos vinculados são aqueles para os quais a lei estabelece os requisitos e condições de sua realização.
c) A cobrança de multa administrativa é exemplo típico de ato administrativo auto-executório.
d) Os atos administrativos normativos são aquele que contêm um comando geral do Executivo, visando à correta aplicação da lei.
e) O parecer administrativo é exemplo de ato administrativo enunciativo.

54. Considere as seguintes afirmações:

I – A validade do ato administrativo discricionário depende da homologação, expressa ou tácita, do superior hierárquica do agente que o praticou.
II – A auto-executoriedade está entre os atributos dos atos administrativos.
III – Ocorre desvio de poder e, portanto, invalidade, quando o agente se serve de um ato para satisfazer finalidade estranha à sua natureza.

DIREITO ADMINISTRATIVO – CONCURSO PÚBLICO

Quais são corretas:
a) Apenas I e II.
b) Apenas I e III.
c) Apenas II e III.
d) Apenas III.
e) Todas estão corretas.

55. **Sobre a extinção dos atos administrativos é correto afirmar:**

a) A extinção do ato administrativo por motivos de conveniência e oportunidade, tendo em vista o primado da supremacia do interesse público sobre o privado, opera com efeitos *ex tunc*.
b) A extinção do ato administrativo eivado de vícios de legalidade é de competência exclusiva do Poder Judiciário, já que, pelo princípio da presunção de legitimidade dos dessa natureza, a Administração não pode anulá-los.
c) A extinção por razões de conveniência e oportunidade pode ser levada a efeito tanto pelo Poder Judiciário como pela própria Administração, operando com efeitos *ex nunc*.
d) Nenhuma alternativa é correta.
e) Todas as alternativas estão corretas.

56. **Com relação aos atos administrativos, assinale a alternativa incorreta:**

a) A revogação do ato administrativo tem por fundamento uma nova avaliação de critérios de conveniência e oportunidade, podendo ser feita pela Administração Pública ou pelo Poder Judiciário.
b) A revogação vai operar efeitos *ex nunc*, não retroagindo.
c) A anulação do ato administrativo poderá ser feita pelo Poder Judiciário e pela Administração Pública.
d) A revogação do ato administrativo não pode atingir o direito adquirido.
e) A revogação, em regra, somente vai atingir os atos administrativos discricionários.

57. **Assinale a assertiva incorreta:**

a) A revogação é a declaração de inviabilidade de um ato administrativo ilegítimo ou ilegal, feita pela própria Administração ou pelo Poder Judiciário.
b) O desvio de finalidade, verdadeira violação ideológica da lei, afigura-se como vício nulificador do ato administrativo lesivo ao patrimônio público.
c) Configura-se como ato administrativo discricionário a escolha, por parte do reitor, após apreciação de lista tríplice votada pela congregação, de diretor das unidades universitárias federais.
d) Conceitua-se atos de gestão como aqueles que a administração pública pratica sem usar de sua supremacia sobre os destinatários.
e) Todas as assertivas estão incorretas.

58. **Assinale a resposta correta.**

O ato administrativo, quando eivado de vício insanável, que o torna ilegal:
a) Deve ser revogado.
b) Deve ser anulado pela própria Administração.
c) Só pode ser anulado pela própria Administração.
d) Não pode ser anulado, em sede judicial, por meio de ação popular.
e) É insuscetível de controle judicial.

59. **Assinale a resposta correta.**

São atributos dos atos administrativos internos:
a) Só entrarem em vigor após divulgados por órgão da imprensa oficial.

b) Alcançarem os administrados, os contratantes, em certos casos, os próprios servidores.
c) Não gerarem direitos subjetivos aos destinatários.
d) Não terem como motivo o bem comum.

60. Assinale a alternativa incorreta.
a) Todo ato administrativo deve ser publicado, como regra.
b) Mesmo o ato administrativo discricionário deve respeitar o princípio da legalidade.
c) A presunção de legitimidade é um dos elementos do ato administrativo.
d) A imperatividade é atributo do ato administrativo.
e) Nenhuma das alternativas.

61. A invalidação dos atos administrativos é tema sempre recorrente na função jurisdicional. Assim é correto afirmar:
a) A extinção do ato administrativo por motivo de conveniência e oportunidade, tendo em vista o primado da supremacia do interesse público sobre o privado, opera em efeitos *ex nunc*.
b) A extinção do ato administrativo eivado de vícios de legalidade é de competência exclusiva do Poder Judiciário, já que, pelo princípio da presunção de legitimidade dos atos dessa natureza a Administração não pode anulá-los.
c) A extinção por razões de conveniência e oportunidade pode ser levada a efeito tanto pelo Poder Judiciário como pela própria Administração operando com efeitos *ex tunc*.
d) Nenhuma das alternativas está correta.

62. Dentre os elementos sempre essenciais à validade dos atos administrativos não se inclui o da:
a) Forma própria.
b) Motivação.
c) Condição suspensiva.
d) Finalidade.
e) Competência.

63. Analise as seguintes assertivas:
I – O Tribunal de Contas, órgão do Poder Judiciário, é quem controla os atos de contas da Administração Pública.
II – A revogação do ato administrativo tem efeito *ex-nunc*.
III – A nulidade do ato administrativo tem efeito *ex-tunc*.
Diante disso, qual a resposta correta?
a) Apenas a I.
b) Todas estão corretas.
c) Apenas a I e a II.
d) Apenas a II e a III.
e) Todas estão erradas.

64. Assinale a resposta que não constitui ato administrativo formal:
a) Portaria.
b) Aviso.
c) Renúncia.
d) Resolução.
e) Ordem de Serviço.

65. No mandado de segurança, ao analisar o ato administrativo, o juiz o:
a) Revoga.
b) Anula.

c) Revoga e anula.
d) Não revoga nem anula.
e) Nenhuma das respostas, porque não pode controlar o ato administrativo.

3 – Controle da Administração

1. Assinale a resposta correta.
A atividade administrativa está sujeita a vários tipos e formas de controle. Sobre esse tema analise as seguintes assertivas:
I – A Administração Pública pode anular seu ato de ofício, enquanto o Poder Judiciário só o faz através de processo judicial.
II – O Tribunal de Contas do Estado, e não a Câmara Municipal, é quem controla os atos de contas da administração Municipal.
III – O mandado de segurança é uma ação típica de controle do ato administrativo.
Diante disso, assinale a assertiva correta.
a) Apenas a I.
b) Apenas a II e a III.
c) Apenas a I e a II.
d) Apenas a I e a III.
e) Todas estão corretas

2. Assinale a resposta correta.
O que a doutrina chama de autotutela administrativa é o
a) Poder da administração de revisar seus próprios atos.
b) Controle da administração pelo Poder Legislativo.
c) Controle da administração pelo Poder Judiciário.
d) Poder de polícia que a Administração exerce sobre o particular.
e) Exercício do poder discricionário da Administração.

3. O Poder Judiciário exerce o controle externo sobre a Administração Pública. Diante disso é possível afirmar-se corretamente que:
a) Ele tanto anula como revoga o ato administrativo.
b) De nenhuma forma ele deve adentrar no mérito do ato administrativo, mesmo que se alegue vício de moralidade.
c) Ele o faz exclusivamente através de mandado de segurança.
d) Ele apenas anula o ato administrativo.
e) Ele revoga o ato administrativo

4. Assinale a resposta correta.
Há diferenças fundamentais entre revogação e invalidação dos atos administrativos quanto à legitimação, motivação e extinção dos efeitos. Assim, o sujeito para a:
a) Revogação pode ser tanto a Administração como o Poder Judiciário (quando provocado), fundado na ilegitimidade do ato, cujos efeitos operam retroativamente.
b) Invalidação pode ser tanto a Administração como o Poder Judiciário (quando provocado), fundado na ilegitimidade do ato, cujos efeitos operam retroativamente.
c) Invalidação é somente o Poder Judiciário (quando provocado), fundado na inconveniência e inoportunidade do ato, cujos efeitos não operam retroativamente.
d) Revogação é a autoridade administrativa, fundado na inconveniência e inoportunidade do ato, cujos efeitos não operam retroativamente.
e) Revogação é a autoridade administrativa desde que autorizada por lei.

5. Assinale a resposta correta.

A Administração pode rever seus próprios atos, nos limites da lei e da jurisprudência. Admite-se:
a) Os recursos interpostos de decisões administrativas não precisam de motivação.
b) Se vier a ser provido recurso contra decisão administrativa os efeitos daquele retroagirão à data do ato impugnado.
c) Enquanto pendente de julgamento o recurso a que foi conferido efeito suspensivo, não poderá o interessado interpor ação popular.
d) A pretensão à revisão do processo disciplinar está sujeita ao prazo prescricional de 5 (cinco) anos em favor da Fazenda.

6. Assinale a resposta correta.

A competência do Poder Judiciário para a revisão dos atos administrativos:
a) Veda o exame do mérito da sindicância ou processo administrativo que encerra o fundamento legal do ato.
b) Restringe-se ao controle da legalidade do ato impugnado.
c) Permite apenas o exame sobre a conveniência e oportunidade.
d) Compreende não só a competência para a prática do ato e de suas formalidades, como também os seus requisitos substanciais, os seus motivos, os seus pressupostos de direito e de fato, desde que tais elementos sejam definidos em lei como vinculadores do ato administrativo.
e) Alcança o mérito do ato administrativo.

7. Assinale a resposta correta.

O juiz, ao examinar ato administrativo, na ação adequada, poderá:
a) Revogar o ato inoportuno ou inconveniente.
b) Declarar a nulidade do ato inoportuno ou inconveniente.
c) Declarar a nulidade do ato manifestamente ilegal.
d) Declarar a nulidade do ato praticado em prejuízo da Administração Pública.
e) Renovar o ato praticado por autoridade administrativa incompetente.

8. Assinale a resposta correta.

Quanto à revogação dos atos administrativos
a) Só o Judiciário tem o poder de revogar qualquer ato administrativo.
b) É preciso que haja norma expressa que autorize o poder de revogar.
c) Não é preciso competência atual sobre a matéria a ser objeto de decisão.
d) O fundamento do poder de revogar deflui da mesma regra de competência que habilitou o agente à prática do ato anterior.
e) A autoridade administrativa não tem o poder de revogar seus próprios atos.

9. É correto afirmar que:

I – O controle do ato administrativo é exercido, previamente, pela própria Administração Pública e pelos Poderes Legislativo e Judiciário apenas posteriormente.
II – Os recursos administrativos, diferentemente dos recursos judiciais, independem de preparo.
III – A representação administrativa contra abuso de autoridade, dirigida à autoridade superior à que for acusada, é condição para o início de processo-crime contra essa mesma autoridade.
Analisando as assertivas acima, verifica-se que:
a) Todas estão corretas.
b) Apenas a I está correta.

c) Apenas a I e a II estão corretas.
d) Apenas a II e a III estão corretas.
e) Nenhuma está correta.

10. Assinale a resposta correta.

Revogação e anulação dos atos administrativos são temas importantes na prestação jurisdicional. Assim, o sujeito para a:
a) Revogação é a autoridade administrativa, fundado na inconveniência e inoportunidade do ato, cujos efeitos não operam retroativamente.
b) Revogação pode ser tanto a Administração Pública como o Poder Judiciário atavés de ação de controle própria, fundado na ilegitimidade do ato, cujos efeitos operam retroativamente.
c) Anulação pode ser tanto a Administração como o Poder Judiciário através da ação de controle própria, fundado na ilegitimidade do ato, cujos efeitos operam retroativamente.
d) Anulação é somente o Poder Judiciário (quando provocado), fundado na inconveniência e inoportunidade do ato, cujos efeitos não operam retroativamente.
e) Revogação é a autoridade administrativa desde que autorizada por lei.

11. Assinale a resposta correta.

O controle dos atos administrativos pode ser exercido através dos recursos administrativos acerca dos quais é correto dizer que:
a) A interposição de recurso administrativo impede a utilização das vias judiciárias, enquanto se a guarda decisão da administração.
b) Os recursos administrativos ostentam duplo efeito, como regra geral.
c) Os recursos hierárquicos são aqueles dirigidos pela parte à instância superior da administração, ensejando o reexame do ato em toda sua extensão.
d) A representação consiste na denúncia formal de irregularidades internas ou de abuso de poder da Administração, cujo exercício é privativo do próprio interessado.
e) As decisões administrativas dispensam motivação, quando justas e proferidas por autoridade competente.

12. Assinale a resposta correta.

Autotutela administrativa significa:
a) Poder que tem a Administração Pública de revisar seus próprios atos.
b) Controle jurisdicional da Administração Pública.
c) Controle da Administração Pública pelo Tribunal de Contas.
d) Poder de polícia que a Administração Pública exerce sobre o particular.
e) Exercício do poder discricionário da administração.

13. Assinale a resposta correta.

Garantias jurisdicionais da legalidade da Administração e dos administrados, o mandado de segurança e *o habeas corpus* têm em comum serem remédios contra atos:
a) De coação na liberdade de locomoção.
b) De violação de direito líquido e certo.
c) Eivados de ilegalidade e abuso de poder.
d) De exercício do poder disciplinar.
e) Omissivos da Administração.

14. Assinale a alternativa que contém a afirmação correta:

a) A anulação do ato administrativo somente é praticável pela Administração, nas hipóteses de conveniência ou de oportunidade.

b) A revogação é a supressão do ato a administrativo, sempre com efeitos "ex tunc", praticável pela Administração e pelo Poder Judiciário.
c) A anulação do ato administrativo opera sempre efeitos "ex nunc" podendo ser realizada mediante declaração de invalidade de um ato administrativo ilegítimo ou ilegal.
d) A revogação, com efeitos "ex nunc", é a supressão de um ato administrativo legítimo, realizada apenas pelo Poder Judiciário em nosso sistema de jurisdição única.
e) A anulação é a supressão de um ato administrativo ilegal e ilegítimo, realizada pela própria Administração ou pelo Judiciário.

15. Assinale a resposta correta.

Contra atos ilegais e lesivos à moralidade administrativa, qualquer cidadão pode intentar:
a) Ação civil pública.
b) Mandado de segurança coletivo.
c) Mandado de segurança.
d) Mandado de injunção.
e) Ação popular.

16. A atividade administrativa está sujeita a vários tipos e formas de controle, dentre os quais é correto afirmar:

a) Controle legislativo – aquele que resulta, automaticamente, do escalonamento vertical e da distribuição horizontal de competência entre órgãos e a gentes públicos.
b) Controle externo – aquele exercido por órgão ou autoridade estranhos à Administração responsável pelo ato controlado.
c) Controle de legalidade – aquele exercido privativamente pelos órgãos do Poder Judiciário.
d) Controle de mérito – aquele que visa à verificação da conveniência do ato realizado tanto pela Administração Pública como pelo Poder Judiciário.

17. De acordo com a legislação vigente, o processo administrativo deve obedecer a princípios básicos, acerca dos quais é incorreto dizer que:

a) A garantia de defesa abrange a observância do rito adequado, a cientificação do processo ao interessado, a oportunidade para contestar a acusação, produzir provas, acompanhar a instrução e valer-se dos recursos previstos.
b) Todo o processo administrativo deve se embasar em normatização legal específica, sob pena de invalidade.
c) À Administração Pública não se autoriza a "reformatio in pejus" nos recursos administrativos, a modelo do que sucede no processo penal.
d) Deve ser assegurado acesso aos interessados em sua tramitação, donde necessária a publicidade, somente vedada em estritas hipóteses.

18. Considere as seguintes afirmações;

I – A fiscalização hierárquica não pode ser incluída entre os meios de controle administrativo que, por sua natureza, pressupõem sempre a participação de um órgão externo àquele fiscalizado.
II – No controle judicial dos atos administrativos, ainda que discricionários, se entende necessária a investigação dos seus motivos, finalidade e causa.
III – O controle do Poder Legislativo sobre a Administração Pública é realizado pelo Tribunal de Contas.

Quais estão corretas?
a) Apenas a I e a II.
b) Apenas a I e III.

c) Apenas a III.
d) Apenas a II e III.
e) Todas estão corretas.

19. **Assinale a alternativa que contém a afirmação correta:**

   a) A anulação do ato administrativo ocorre por razões de ilegalidade ou ilegitimidade, podendo ser efetuada pelo Poder Judiciário ou pela Administração Pública.
   b) A revogação de ato administrativo somente pode ser realizada pela Administração Pública e sempre opera efeitos "ex nunc".
   c) A revogação de ato administrativo sempre opera efeitos "ex nunc" e apenas pode ser ultimada pelo Poder Judiciário.
   d) A anulação de ato administrativo pode ser ultimada pelo Poder Judiciário e pela Administração Pública e sempre opera efeitos "ex nunc".
   e) A anulação dos atos administrativos opera efeitos, no mais das vezes, "ex tunc" e somente pode ser ultimada pelo Poder Judiciário.

20. **Tendo em vista a disciplina legislativa e as lições da doutrina jurídica acerca do controle dos atos administrativos, assinale abaixo a assertiva correta:**

   a) A Câmara Federal pode, ouvido previamente o Tribunal de Contas da União, decretar a suspensão de ato normativo do Presidente da República que exorbite do poder regulamentar.
   b) É inconcebível, lógica e juridicamente, a existência de controle administrativo de atos administrativo, haja vista a idealização de um controle pressupor que ele seja exercido por uma estrutura externa à fiscalização.
   c) A Constituição Federal admite a hipótese de controle popular das contas públicas, determinando que as contas do Município fiquem, anualmente, durante 180 dias, à disposição de qualquer contribuinte.
   d) O controle judiciário dos atos administrativos é exercido pelos órgãos do Poder Judiciário e pelo Tribunal de Contas da União.
   e) A legalidade de todo e qualquer ato de concessão de aposentadoria, a servidores, membros do Ministério Público e magistratura estadual, é apreciada pelo Tribunal de Contas do respectivo estado.

21. **Quanto à invalidação dos atos administrativos, assinale a afirmação correta.**

   a) A revogação do ato administrativo se dá pela própria Administração e tem efeito retroativo.
   b) A revogação do ato administrativo não pode se fundar em critérios de conveniência e oportunidade.
   c) A anulação do ato administrativo pode se dar pela própria Administração, mas, nesse caso, não tem efeito retroativo.
   d) Tanto a anulação como a decretação de nulidade podem se dar pela Administração ou pelo controle judicial e têm efeito retroativo.
   e) A anulação do ato administrativo pelo Judiciário, quando se funda no exame da conveniência de sua prática pelo administrador, não tem efeito retroativo.

22. **O Tribunal de Contas da União, por expressa disposição constitucional, se verificar que qualquer ato sujeito à sua jurisdição é ilegal, poderá sustar a sua execução, se não atendida no devido prazo a determinação, para a adoção de providências tendentes ao exato cumprimento da lei.**

   a) Correta esta assertiva.

b) Incorreta esta assertiva, porque no caso de contrato administrativo a sustação só pode ser decretada pelo Congresso Nacional.

c) Incorreta, porque no caso do contrato o TCU só pode decidir a respeito dessa sustação, se o fato for comunicado ao Congresso Nacional e este não deliberar quanto à impugnação feita, no prazo de 30 dias.

d) Incorreta, pelas razões deduzidas na alínea "c" anterior, mas se o Congresso não deliberar quanto à impugnação, no prazo de 60 dias.

e) Incorreta, pelas razões das alíneas "c" e "d" anteriores, mas se o Congresso não deliberar quanto à impugnação, no prazo de 90 dias.

23. **A Administração Pública é obrigada a policiar os próprios atos administrativos editados, anulando-os de ofício, por iniciativa própria quando ilegais, revogando-os, quando inoportunos ou inconvenientes, e isso em decorrência do princípio;**
    a) Da continuidade administrativa.
    b) Da especialidade da função.
    c) Da autotutela administrativa.
    d) Da liberdade de impressa.
    e) Da hierarquia administrativa.

24. **O controle afeto ao Tribunal de Contas da União compreende, entre outros, o dos (das):**
    a) Gastos municipais em geral.
    b) Admissões de pessoal na Administração Pública Federal.
    c) Partidos políticos.
    d) Admissões de pessoal no serviço público em geral.
    e) Obras públicas em geral.

25. **A revogação e a nulidade do ato administrativo são temas sempre presentes no controle jurisdicional da Administração Pública. Diante disso, assinale a resposta correta:**
    a) O mandado de segurança é o recurso processual cabível para atacar a nulidade do ato administrativo desde que presentes o direito líquido e certo da parte impetrante.
    b) A declaração de nulidade não pode retroagir para atingir direito adquirido.
    c) A revogação, embora típica manifestação de vontade administrativa, só produz efeitos a partir de sua publicação.
    d) A declaração de nulidade, quando proclamada pela própria Administração Pública, em respeito ao poder discricionário, não necessita de motivação.
    e) A sentença proferida em ação popular e que declara procedente a nulidade de ato administrativo lesivo ao patrimônio público, cabe reexame necessário.

26. **Tomando por base o tema invalidação do ato administrativo, verifique as seguintes assertivas:**

    I – A revogação é a declaração de invalidação de um ato administrativo ilegal feita pela própria Administração ou pelo Poder Judiciário.

    II – A declaração de nulidade de um ato administrativo, em respeito a sua própria natureza jurídica, é controle exclusivo do Poder Judiciário.

    III – O efeito *ex tunc* é próprio da revogação enquanto o ex nunc é da nulidade.

    Diante disso, qual a resposta correta?
    a) Apenas a I
    b) Apenas a II.
    c) apenas a III.

d) Apenas a II e a III.
e) Todas estão erradas.

27. Observe as seguintes assertivas:

I – O ato administrativo discricionário é insuscetível de controle judicial.
II – Flagrado o servidor público praticando infração administrativa passível de demissão, por aplicação do princípio da *verdade sabida*, deve a Administração Pública demiti-lo imediatamente.
III – O prazo para a interposição de mandado de segurança é de 90 dias.

Qual a resposta correta?

a) Apenas a I assertiva está correta.
b) Apenas a II assertiva está correta.
c) Apenas a I e a II assertivas estão corretas.
d) Todas estão corretas.
e) Nenhuma assertiva está correta.

28. Assinale a resposta incorreta.

O Tribunal de Contas da União, como órgão de controle externo federal,
a) Deve apreciar as contas prestadas anualmente pelo Presidente da República, mediante parecer prévio que deverá ser elaborado em 60 dias.
b) Nas decisões que resulte imputação de débito ou multa, pode executá-las diretamente.
c) Deve encaminhar ao Congresso Nacional, trimestral e anualmente, o relatório de suas atividades.
d) É integrado por 9 Ministros.
e) Tem sua sede no Distrito Federal.

29. Assinale a resposta correta.

a) O mandado de segurança pode ser impetrado contra ato de qualquer ente público, desde que ilegal.
b) Da decisão que denega o mandado de segurança cabe reexame necessário.
c) São devidos honorários de advogado no mandado de segurança.
d) O mandado de segurança é uma ação especial de controle do ato administrativo.
e) Nenhuma das respostas está correta.

30. Assinale a assertiva que não constitui ação de controle judicial do ato administrativo:

a) Interna corporis.
b) Mandado de segurança.
c) Ação popular.
d) Ação civil pública.
e) Hábeas data.

4 – Licitação

1. Assinale a assertiva correta:

a) No processo administrativo disciplinar, em face do seu informalismo, não há garantia de contraditório.
b) Decorridos trinta dias da data da entrega das propostas, sem convocação para a contratação, ficam os licitantes liberados dos compromissos assumidos.

c) A recusa injustificada do adjudicatário em assinar o contrato administrativo, aceitar ou retirar instrumento equivalente, dentro do prazo estabelecido pela Administração Pública, não caracteriza o descumprimento total da obrigação assumida.
d) É inexigível a licitação quando esta, justificadamente, não puder ser repetida sem prejuízo para a administração.
e) Entre as cláusulas necessárias em todo contrato administrativo, deve figurar a que estabelece o crédito pelo qual correrá a despesa.

2. Assinale a resposta correta.

A concorrência é a modalidade de licitação cabível para:
a) A contratação de obras em geral.
b) Toda e qualquer compra e prestação de serviços de grande vulto.
c) A alienação de bens móveis e imóveis.
d) As aquisições de pequeno volume.

3. A modalidade de licitação concernente às alienações de bens público é:

a) O convite.
b) A concorrência.
c) A tomada de preço.
d) O leilão.
e) A hasta pública.

4. A modalidade de licitação necessária para o contrato de concessão de direito real de uso é:

a) A concorrência.
b) O leilão.
c) O convite.
d) A tomada de preço.
e) O pregão.

5. Assinale a resposta correta.

No procedimento licitatório, adjudicação é:
a) A entrega do objeto da concorrência ao proponente classificado em primeiro lugar, para subseqüente efetivação do contrato administrativo.
b) O ato pelo qual o poder licitante recebe, a título de pagamento, o objeto da licitação.
c) O ato pelo qual, inexistindo licitantes que preencham os requisitos do edital, o poder público extingue o processo de licitação
d) A ordem de expedição da carta convite, que se considera perfeita e acabada com a juntada do aviso de recebimento firmado por todos os chamados a participar.
e) A desclassificação do licitante que não preenche os requisitos do edital.

6. Qual a modalidade de licitação cabível para concessão de direito real de uso de bens imóveis integrantes do patrimônio público municipal?

a) Tomada de preços.
b) Convite.
c) Concorrência.
d) Leilão.
e) Concurso

7. Responda corretamente: a licitação é um procedimento

a) Que não vincula a administração pública quanto ao cumprimento do seu objeto.

b) Que vincula a administração pública, porém sua observância fica ao arbítrio e discricionariedade do administrador.
c) Vinculado, obrigando o administrador a que observe o mesmo, inexistindo cominação de pena pelo não cumprimento.
d) Vinculado cuja violação ou inobservância acarreta sua nulidade.
e) Vinculado apenas às normas exaradas pela própria administração.

8. Suponha que tenha sido realizada licitação pelo DAER/RS para a construção de cem metros quadrados de calçadas para pedestres, conforme especificações constantes no edital. Julgadas as propostas, a licitação foi encaminhada à autoridade competente, que a homologou. Não sendo o objeto da licitação adjudicado, a empresa vencedora apresentou pedido de reconsideração em que alegou ter direito adquirido à celebração do contrato. Tendo sido este pedido aceito, a autoridade competente, antes de assinar o contrato, nele fez incluir cláusula em que impôs ao contratado a obrigação de apresentar garantia sob a modalidade de fiança bancária. Durante a execução do contrato, o DAER/RS, julgando necessário construir dez metros quadrados adicionais de calçadas, fez novamente incluir, unilateralmente, essa alteração no contrato. Em face dessa situação, assinale a assertiva correta:

a) O DAER/RS, como órgão da Administração Estadual, não tem poder licitatório.
b) Tendo sido realizada a licitação, o DAER/RS, pelo princípio da conveniência e oportunidade administraiva, não estaria obrigado a celebrar o contrato licitado com a empresa vencedora.
c) A atitude do DAER/RS de exigir apresentação de garantia pela empresa contratada é lícita, ainda que essa previsão não constasse do edital.
d) A empresa contratada está obrigada a aceitar a alteração do contrato relativo ao aumento do objeto do contrato.
e) Em face da situação descrita, é correto concluir que se trata de contrato de concessão de obra pública.

9. Assinale a alternativa que contém a afirmativa correta:

a) O certame licitatório promovido por sociedade de economia mista não caracteriza ato administrativo formal, nos termos da lei de licitações.
b) A desistência da desapropriação não é possível antes da incorporação do bem ao patrimônio público.
c) As autorizações são atos administrativos vinculados.
d) A concessão de direito real resolúvel de bem público é ato administrativo negocial e discricionário.
e) O exercício regular do poder de polícia impõe aos direitos de liberdade e propriedade dos particulares limitações administrativas não-indenizáveis.

10. A licitação é condição prévia do contrato administrativo. As exceções a essa regra ocorrem nos casos de:

a) Licitação contratada e inexigibilidade de licitação.
b) Dispensa e inexigibilidade de licitação.
c) Dispensa de licitação e adjudicação do contrato.
d) Licitação contratada e adjudicação do contrato.
e) Inexigibilidade de licitação e adjudicação do contrato.

11. Nas licitações, os avisos contendo o resumo dos editais deverão ser publicados, no mínimo, uma vez, com antecedência, no diário oficial do estado, exceto na modalidade de:

a) Concorrência.

b) Tomada de preço.
c) Convite.
d) Concurso.
e) Leilão.

12. Assinale a alternativa correta que indica um dos princípios relativos à licitação:
   a) Continuidade.
   b) Regularidade.
   c) Julgamento objetivo.
   d) Modicidade das tarifas.
   e) Segurança.

13. Um dos institutos que contribuem para os princípios da moralidade e da boa igualdade é a licitação. Dela se pode afirmar corretamente:
   a) A regra adotada é a da licitação podendo a Administração Pública optar entre as modalidade de concorrência, tomada de preços, concurso, convite ou leilão.
   b) A lei dispensa a licitação quando há inviabilidade de concorrência, como no caso da notória especialização do profissional.
   c) A autoridade poderá revogar a licitação havendo interesse público decorrente de fato superveniente ao edital.
   d) A licitação deve ser revogada, se houver ilegalidade, daí decorrendo a nulidade do contrato, que ensejará a indenização, salvo imputação da causa ao contrato.
   e) Em caso de grave perturbação pública é inexigível a licitação.

14. Assinale a alternativa que contém a afirmação correta:
   a) A licitação é um procedimento obrigatório somente para a Administração Pública Direta, sendo facultativo para as sociedades de economia mista e para as empresas públicas.
   b) O órgão público tem legitimidade para contratar administrativamente.
   c) Para a habilitação nas licitações, exigir-se-á dos interessados, exclusivamente, documentação relativo à qualificação técnica e à qualificação econômico-financeira.
   d) O leilão não é mais uma modalidade de licitação pública.
   e) A alienação de bens imóveis da Administração Pública na modalidade de doação não dispensa a licitação.

15. Sobre as modalidades de licitação, é correto afirmar:
   a) A Lei n° 8.666/93 e suas alterações prevêem como modalidades de licitação a concorrência, tomada de preços e o convite.
   b) A Lei n° 8.666/93 autoriza a criação e a combinação das modalidades de licitação nela prevista, desde que devidamente justificada.
   c) Concorrência pública é a modalidade de licitação entre quaisquer interessados que, na fase inicial da habilitação preliminar, comprovem possuir os requisitos mínimos de qualificação exigidos no edital para a execução de seu objeto.
   d) Tomada de preços é a modalidade de licitação entre interessados previamente cadastrados.
   e) Convite é uma modalidade de licitação à qual acorrem, no máximo três interessados pertinentes ao seu objeto, independentemente de estarem cadastrados.

16. De acordo com a legislação vigente, pode constituir dispensa de licitação:
   a) A contratação nos casos de guerra ou de grave perturbação da ordem.
   b) A contratação de profissional de qualquer setor artístico consagrado pela crítica especializada.

c) A contratação de serviço de natureza singular a ser realizado por profissional especializado.
d) As situações em que a competição entre eventuais interessados se tornar inviável.
e) A aquisição de materiais que só possam ser fornecidos por representante comercial que detenha exclusividade sobre o produto.

17. **Acerca da obrigatoriedade e das modalidades de licitação, assinale a afirmação correta.**

a) O leilão é modalidade de licitação em que somente poderão participar oferecendo propostas as pessoas cadastradas no órgão ou entidade licitante antes da publicação do edital.
b) Ainda que não tenha sido convidada, a empresa previamente cadastrada poderá apresentar proposta na licitação, sob a modalidade de concorrência.
c) A existência de uma primeira fase de habilitação preliminar é uma das características do concurso.
d) Mesmo na situação de emergência ou de calamidade pública, a licitação é exigível.
e) Caracteriza situação de inexigibilidade de licitação a existência de fornecedor exclusivo do produto ou serviço.

18. **No julgamento da licitação para o contrato de concessão, pode utilizar-se como critério:**

a) A melhor técnica.
b) O menor preço.
c) A melhor técnica e o menor prazo.
d) A menor oferta, nos casos de pagamento ao poder concedente pela outorga da concessão.
e) O menor valor da tarifa do serviço público a ser prestado.

19. **Na lei nº 8.666/93, de 21.06.93, que instituiu normas para a licitação e contratos da administração, são admitidos os seguintes tipos de licitação:**

a) Concorrência, tomada de preço e pregão.
b) Tomada de preços, carta convite, concorrência e leilão.
c) Menor preço, melhor técnica e técnica e preço.
d) Preço base e preço mínimo.
e) Carta convite e concorrência.

20. **Responda corretamente.**

O procedimento licitatório:
a) Não pode ser revogado sem o consentimento dos licitantes.
b) Pode ser revogado por razões de interesse público decorrente de fato superveniente independentemente de comprovação.
c) Em caso de desfazimento deve assegurar o contraditório e a ampla defesa.
d) Deve obedecer ao princípio da publicidade inclusive quanto ao conteúdo das propostas.
e) Não pode ser invalidado depois de celebrado o contrato administrativo.

21. **Em relação ao procedimento licitatório, pode-se afirmar que:**

I) Ele pode ser anulado por interesse público ou revogado por motivo de ilegalidade.
II) No caso de empate entre licitantes é possível considerar vantagens contidas nas propostas, mas não previstas pelo edital para a declaração do vencedor.
III) Leilão é a modalidade de licitação utilizável para a venda de bens móveis e de bens imóveis, estes últimos apenas quando adquiridos mediante procedimento judicial ou por dação em pagamento.

Analisando as afirmativas acima, verifica-se que:
a) Todas estão erradas.
b) Apenas a I está correta.
c) Apenas a II está correta.
d) Apenas a III está correta.
e) Apenas as I e II estão corretas.

22. Os procedimentos administrativos, em ordem cronológica, que antecedem à assinatura do contrato administrativo são os seguintes:

a) Adjudicação e homologação.
b) Homologação e adjudicação.
c) Abertura de envelopes e homologação.
d) Abertura de envelopes e adjudicação.

23. A revogação e a anulação do procedimento licitatório:

a) Devem ser sempre fundamentadas.
b) Não obrigam a administração pública a indenizar prejuízos a que der causa.
c) Necessitam da provocação do interessado, através de recurso.
d) São atos discricionários que não exigem justa causa.

24. A licitação é um procedimento:

a) Que não vincula a Administração Pública quanto ao cumprimento do seu objeto.
b) Que vincula a Administração Pública, porém sua observância fica ao arbítrio e discricionariedade do administrador.
c) Vinculado, obrigando o administrador a que observe o mesmo, inexistindo cominação de pena pelo não cumprimento.
d) Vinculado cuja violação ou inobservância acarreta nulidade.
e) Vinculado apenas às normas exaradas pela própria administração.

25. No que se refere às licitações públicas é possível se afirmar corretamente:

a) Somente a União Federal está sujeita aos termos da Lei n° 8.666/93.
b) As pessoas jurídicas subordinadas aos termos da Lei n° 8.666/93 podem criar outras formas de licitação não previstas em lei.
c) A realização da licitação poderá ser dispensada, sem justificativa, pela autoridade competente quando houver interesse público.
d) Somente as obras e os serviços exigem a prévia licitação.
e) Nenhuma das respostas anteriores.

26. Qual a modalidade de licitação cabível para a alienação de bens imóveis integrantes do patrimônio público?

a) Tomada de preços.
b) Convite.
c) Concorrência.
d) Leilão.
e) Concurso.

27. Baseando-se nas regras sobre licitações, assinale a alternativa incorreta:

a) O prazo mínimo para convocação de licitantes é de 30 dias para a concorrência e concurso.
b) O edital é um instrumento vinculante para as partes, não podendo o administrador a posteriori, ampliar ou reduzir prazos.
c) Atas e termos são instrumentos utilizados discricionariamente pela Administração para o registro de votos divergentes dos membros da comissão de licitação.

d) Documentação é o conjunto dos comprovantes da personalidade jurídica, da capacidade técnica e da idoneidade financeira que se exige dos interessados para participarem na licitação.
e) O julgamento das propostas é ato vinculado às normas legais e ao estabelecido no edital.

28. **Nas licitações, sob a modalidade de concorrência, para obras de grande vulto, pode-se exigir do licitante a prova de possuir patrimônio líquido ou capital social num determinado valor, não excedendo a um percentual do custo estimado da contratação, da ordem de:**
a) 25%.
b) 5%.
c) 10%.
d) 15%.
e) 20%.

29. **Constitui situação de inexigibilidade de licitação, nos termos da Lei n° 8.666/93:**
a) A contratação de serviços técnicos especializados de notória especialização.
b) Quando não acudirem interessados à licitação anterior.
c) Quando as propostas apresentadas em licitação anterior consignarem preços manifestamente superiores aos praticados no mercado.
d) Quando houver possibilidade de comprometimento da segurança nacional.
e) A aquisição ou restauração de obras de arte.

30. **A modalidade de licitação apropriada para contratar serviços profissionais, cujo critério de julgamento consiste na avaliação do trabalho técnico ou artístico, de criação ou desenvolvimento intelectual, pago mediante prêmio, é o/a:**
a) Convite.
b) Tomada de preço.
c) Concorrência.
d) Concurso.
e) Leilão.

31. **Assinale a alternativa que contém a firmação correta:**
a) Leilão é a modalidade de licitação utilizada entre quaisquer interessados para escolha de trabalho técnico, científico ou artístico, mediante a instituição de prêmios ou remuneração aos vencedores.
b) Concorrência é a modalidade de licitação entre interessados devidamente cadastrados ou que atenderem as condições exigidas para cadastramento até o terceiro dia anterior à data do recebimento das propostas.
c) Convite é a modalidade de licitação entre quaisquer interessados para a venda de bens móveis inserviveis para a administração ou de produtos legalmente apreendidos ou penhorados, a quem oferecer maior lance, igual ou superior ao valor da avaliação.
d) É dispensável a licitação quando houver inviabilidade de competição.
e) Nos casos em que couber convite, a Administração Pública poderá utilizar a tomada de preços e, em qualquer caso, a concorrência.

32. **Quanto à necessidade de realização de processo licitatório, não é correto afirmar:**
a) As empresas concessionárias de serviços públicos estão sujeitas à Lei n° 8.666/93.
b) As sociedades de economia mista necessitam realizar processos licitatórios, em conformidade com o que determina a Lei n° 8.666/93.

c) Qualquer um dos três poderes, Executivo, Legislativo e Judiciário, realizam, com exclusividade, os processos licitatórios necessários para a aquisição de material utilizado no desenvolvimento de suas atividades.
d) Nenhuma das respostas anteriores.

33. O prazo mínimo de antecedência para a publicação dos editais em relação à data do recebimento das propostas nos casos de concorrência destina a obras, sob o regime de empreitada integral, é de:
a) 60 dias.
b) 15 dias.
c) 20 dias.
d) 30 dias.
e) 45 dias.

34. Tomando-se por base o valor da despesa que será realizada na aquisição de um bem, pode-se dizer que a ordem das modalidades licitatórios a serem utilizadas, partindo-se da de menor valor até o de maior, será seguinte:
a) Convite, concorrência, tomada de preço.
b) Tomada de preço, convite, concurso.
c) Convite, tomada de preço, concorrência.
d) Leilão, tomada de preço, convite.
e) Leilão, convite e concorrência.

35. No que se refere a licitações é correto afirmar:
a) O procedimento licitatório é ato administrativo formal.
b) As sociedades de economia mista não se subordinam à Lei 8.666/93.
c) Em decorrência do poder discricionário não há vinculação ao instrumento convocatório.
d) Em respeito aos direitos dos licitantes toda licitação deve ser sigilosa.
e) Nenhuma das respostas está correta..

36. Assinale a alternativa que contém a afirmação incorreta;
a) De acordo com a lei de licitações, é vedado o contrato com prazo de vigência indeterminado.
b) A anulação do certame licitatório induz a do contrato.
c) O direito de greve dos servidores públicos há de ser exercido nos termos e nos limites definidos por lei ordinária.
d) A recusa injustificada do adjudicatário em assinar o contrato, aceitar o retirar o instrumento equivalente, dentro do praso estabelecido pela Administração, caracterica o descumprimento total da obrigação assumida, sujeitando-o à penalidade legalmente estabelecidas.
e) O servidor público será aposentado compulsoriamente aos 70 anos de idade, com proventos proporcionais ao tempo de serviço.

37. Assinale a alternativa que contém a afirmação correta.
a) O procedimento licitatório é dispensável quando houver inviabilidade de competição.
b) De acordo com a lei de licitações, é permitida a adoção da figura do contrato verbal para as compras em geral.
c) A publicação resumida do instrumento de contrato ou de seus aditamentos na imprensa oficial é condição indispensável à sua eficácia.
d) Por ilegalidade ou ilegitimidade, deve a Administração Pública, de ofício ou por provocação, anular o certame licitatório sempre com efeitos *ex nunc*.
e) As ilhas fluviais são sempre bens da União.

DIREITO ADMINISTRATIVO – CONCURSO PÚBLICO

38. No que se refere às licitações públicas é possível se afirmar corretamente:

   a) Somente a União Federal está sujeita aos termos da Lei nº 8.666/93;
   b) As pessoas jurídicas subordinadas aos termos da Lei nº 8.666/93 podem criar outras formas de licitação não previstas na lei;
   c) A realização da licitação poderá ser dispensada, sem justificativa, pela autoridade competente quando houver interesse público;
   d) Nenhuma das respostas anteriores.

39. A licitação é condição prévia do contrato administrativo. As exceções a essa regra ocorrem nos casos de:

   a) Licitação contratada e inexigibilidade de licitação;
   b) Dispensa e inexigibilidade de licitação;
   c) Dispensa de licitação e adjudicação do contrato;
   d) Licitação contratada e adjudicação do contrato;
   e) Inexigibilidade de licitação e adjudicação do contrato.

40. Na Lei nº 8.666, de 21.06.93, que institui normas para licitações e contratos da administração, são admitidas as seguintes modalidades de licitações:

   a) Concorrência; tomada de preços e maior lance ou oferta;
   b) Convite; concorrência e melhor técnica;
   c) Tomada de preços, convite e concorrência;
   d) Menor preço, melhor técnica e preço;
   e) Preço-base e preço mínimo.

41. A revogação e a anulação do procedimento licitatório:

   a) Devem ser sempre fundamentadas;
   b) Não obrigam a administração pública a indenizar prejuízos a que der causa;
   c) Necessitam da provocação do interessado, através de recurso;
   d) São atos discricionários que não exigem justa causa.
   e) Nenhuma das respostas.

42. O processo administrativo de licitação tem uma ordem cronológica ascendente que antecede à assinatura do contrato administrativo. Entre eles estão os seguintes:

   a) Adjudicação e homologação;
   b) Homologação e revogação;
   c) Abertura de envelopes e homologação;
   d) Abertura de envelopes e adjudicação.
   e) Nenhuma das respostas

43. A modalidade de licitação apropriada para contratar serviços profissionais, cujo critério de julgamento consiste na avaliação do trabalho técnico ou artístico, de criação ou desenvolvimento intelectual, pago mediante prêmio, é o(a)

   a) Convite
   b) Tomada do preço
   c) Concorrência
   d) Concurso
   e) Leilão.

44. Considera as seguintes assertivas:

   I – É inexigível a licitação quando houver inviabilidade de competição.
   II – É caso de dispensa de licitação a ocorrência de grave perturbação da ordem.

III – Nos casos em que couber concorrência, a Administração poderá utilizar a tomada de preço e, em qualquer caso, o convite.
Diante disso, assinale a resposta correta:
a) Todas estão corretas.
b) Apenas a I e a II estão corretas.
c) Apenas a II e a III estão corretas.
d) Apenas a I está correta.
e) Apenas a III está correta.

45. Não é modalidade de licitação:
a) A concorrência.
b) A tomada de preço.
c) O concurso.
d) A investidura.
e) O leilão.

5 – Contratos administrativos

1. **Nos contratos administrativos, as cláusulas que excedem do direito civil impondo restrições aos contratantes, chamam-se:**
a) Restritivas.
b) Especiais.
c) Exorbitantes.
d) Rescisórias.
e) Impositivas.

2. **O contrato administrativo é um ajuste entre Administração Pública e particulares. Assim, o ato da administração que falte um dos elementos essenciais de validade.**
a) É considerado inexistente independente de qualquer decisão administrativa ou judicial.
b) Goza da presunção de legalidade, até decisão em contrário.
c) Deve por isso ser revogado pela própria administração.
d) Só pode ser anulado por decisão judicial.
e) Não pode ser anulado pela própria administração.

3. **A locação de imóvel, para nele funcionar determinado serviço público, será uma modalidade de contratação que (em que):**
a) Depende de prévia licitação, em qualquer caso.
b) Prescinde de licitação, em qualquer caso.
c) Pode ser dispensada a licitação, nos casos previstos na lei.
d) É inexigível a licitação, nos casos previstos na lei.
e) É discricionariamente dispensável ou inexigível a licitação.

4. **Assinale a assertiva correta.**
O regime jurídico dos contratos administrativos, inclusive no que confere à Administração as prerrogativas de modificá-los, rescindi-los e outras compreendidas nas chamadas cláusulas derrogativas ou excepcionais do direito privado,
a) Não se aplica aos de seguro, em que a União for parte.
b) Não se aplica aos de locação, em que a União for locatária.
c) Não se aplica àqueles em que a União for parte como usuária de serviço público.
d) Aplica-se àqueles em que a União for parte como usuária de serviço público, no que couber.

e) Aplica-se aos de locação, mas somente quando a União for locadora.

5. **A declaração de nulidade do contrato administrativo opera *ex tunc*, retroativamente, impedindo os seus efeitos jurídicos, mas quanto ao dever de indenizar o contratado, pelo que ele houver até então realizado, a(o)**
   a) Administração não fica exonerada de pagar-lhe.
   b) Administração fica exonerada de pagar-lhe.
   c) Questão deve ser resolvida mediante acordo entre as partes.
   d) Questão tem que ser resolvida em sede judicial.
   e) Pagamento depende da causa motivadora da anulação.

6. **As contratações de compras e obras no serviço público dependem de prévia licitação, exceto no caso de:**
   a) Publicidade.
   b) Inexigibilidade.
   c) Informática.
   d) Alimentos.
   e) Importações.

7. **Nos contratos administrativos não cumpridos o contratado infrator se sujeita a sanção denominada "declaração de inidoneidade", que tem por escopo:**
   a) Admoestar o contratante que descumpriu a vença.
   b) Alertar as administrações Públicas, para prevenir futuras infrações.
   c) Afastar o inadimplente de entre os fornecedores da administração contratante.
   d) Responsabilizar civilmente o inadimplente que causou lesão patrimonial.
   e) Nenhuma da respostas.

8. **As regras dos contratos administrativos são aplicáveis às sociedades de economia mista. Quanto à sua estrutura, pode-se dizer:**

   I – São pessoas jurídicas de direito privado, com participação do poder público e de particulares no seu capital e na sua administração.
   II – Quando utilizadas para explorar atividades econômicas, devem operar sob as mesmas normas aplicáveis às empresas privadas, inclusive quanto às obrigações trabalhistas e tributárias.
   III – O seu pessoal não está sujeito à proibição constitucional de acumulação de cargos, empregos ou funções.

   Quanto às afirmativas acima,
   a) Apenas I e II estão corretas.
   b) Apenas I e III estão corretas.
   c) Apenas II e III estão corretas.
   d) Todas são corretas.
   e) Nenhuma está correta.

9. **Assinale a resposta correta.**

   O contrato administrativo:
   a) Somente pode ser realizado com prévio processo de licitação.
   b) Não poderá possuir cláusulas exorbitante que concedam vantagens à administração como uma das partes cuja licitude inexiste nos contratos eminentemente privados.
   c) Poderá ser realizado sem prévio processo de licitação.
   d) Somente poderá ser rescindido ou alterado se tal previsão existir em cláusula específica.
   d) É em tudo idêntico ao contrato privado.

10. **Assinale a resposta correta.**

Contrato administrativo pelo qual a administração confere ao particular a execução remunerada de serviço público é:
a) Convênio.
b) Autorização.
c) Acordo.
d) Concessão.
e) Cessão.

11. **Assinale a resposta correta.**

Em nossa legislação, confere-se supremacia à Administração Pública no relacionamento com licitantes e contratados. Em razão dessa supremacia que lhe é conferida, é-lhe permitido:
a) Alterar, unilateralmente, o contrato, entre outras, na hipótese de modificação do projeto para melhor adequação técnica aos seus objetivos.
b) Impor penalidades ao contratado na via administrativa, dispensado o contraditório.
c) Revogar a licitação, sem que daí decorra qualquer direito indenizatório ao licitante vencedor.
d) Declarar inexigível a licitação para serviços de publicidade e divulgação.
e) Exigir, em todos os casos, a prestação de garantia pelos licitantes.

12. **Assinale a resposta incorreta.**

A Lei n° 8.666/93, com as alterações que lhe foram incorporadas posteriormente, estabelece, quanto aos contratos submetidos ao seu regime:
a) O descumprimento ou o cumprimento irregular do contrato, bem como a lentidão em cumpri-lo e mesmo o atraso no início da obra ou sua paralisação, sujeitam o contrato à rescisão, efetivada através de ato unilateral, por escrito, da administração.
b) A decretação da falência ou a instauração de insolvência, a dissolução da sociedade ou mesmo a alteração do contrato social ou da estrutura da empresa que prejudiquem a execução do contrato, dão motivo à sua rescisão.
c) Razões de interesse público de alta relevância, na forma da lei, poderão também levar à rescisão do contrato, hipótese em que ao contratado, isento comprovadamente de dolo, serão ressarcidos os prejuízos devidamente demonstrados.
d) Ocorrendo rescisão por descumprimento contratual, poderão ser retidos créditos decorrentes do contrato bem como poderá ser ocupado e utilizado pela administração provisoriamente, não somente o local da obra como material e pessoal, desde que se tratam de serviços essenciais.
e) Todas as respostas estão incorretas.

13. **Em relação aos contratos administrativos, é correto afirmar que:**

a) Não admitem a inclusão de cláusulas exorbitantes.
b) Deles, a administração participa com supremacia de poder.
c) Em regra não se submetem à exigência de prévia licitação.
d) Não admitem alteração ou modificação unilateral.

14. **Em relação à rescisão dos contratos administrativos, observe:**

I – O atraso superior a 60 dias dos pagamentos permite sua rescisão;
II – Apenas a inexecução total do contrato possibilita a sua rescisão;
III – Em nenhuma hipótese a administração pode rescindir unilateralmente os contratos.
Pode-se afirmar que:

a) Todas as afirmações estão corretas.
b) Todas as afirmações estão incorretas.
c) Apenas a afirmação I está correta.
d) Apenas as afirmações I e II estão corretas.

15. **Assinale a resposta correta.**

O contrato administrativo
a) Pode ser celebrado por prazo indeterminado quando tiver por objeto prestação de serviços relevantes.
b) É improrrogável quando celebrado por prazo determinado.
c) Não pode ser rescindido unilateralmente pela administração sem o consentimento do contratado.
d) Somente pode ser rescindido por interesse público quando haja culpa do contratado.
e) Deve ser publicado de forma resumida na imprensa oficial como condição de eficácia.

16. **Assinale a resposta correta.**

Se for exigida uma garantia nas contratações de obras, serviços e compras, a lei permite:
a) Ao contratado fazer a opção por uma das garantias previstas em lei.
b) Á administração impor a garantia que entender conveniente.
c) Que o limite da garantia exceda a 20% do valor do contrato.
d) Que a garantia seja liberada ou restituída, na hipótese de contratação de obra, quando 50% desta estiver executada.
e) Nenhuma das respostas.

17. **Assinale a resposta correta.**

A rescisão judicial do contrato administrativo:
a) Pode ser postulada em ação popular, uma vez que esta é também meio de rescisão judicial indireta já que cabível para invalidação.
b) Não pode ser postulada em ação popular, mas somente pela competente demanda de rito ordinário.
c) Pode ser postulada em ação popular, uma vez que esta é também meio de rescisão judicial direta, já que cabível para sua invalidação.
d) Somente pode ser postulada via mandado de segurança.
e) Pode ser postulado por mandado de injunção.

18. **Assinale a resposta correta.**

O regime jurídico próprio dos contratos administrativos instituído pela Lei n° 8.666/93, confere à Administração Pública, em relação a eles, a prerrogativa de poder, unilateralmente:
a) Modificar suas cláusulas, para melhor adequação às finalidades de interesse público, sem necessidade de respeitar os direito do contratado.
b) Alterar as cláusulas econômico-financeira e cambiais.
c) Rescindi-los, no caso de decretação de falência do contratado.
d) Ocupar os bens móveis e imóveis do contratado, vinculados ao objeto da contratação, no caso de rescisão do contrato para obras, fornecimentos ou serviços em geral.
e) Substituir a garantia da sua execução.

19. **Assinale a resposta correta.**

Quando o poder público determina a alteração unilateral de cláusula regulamentar em um contrato administrativo, como meio de melhor satisfazer o interesse público, há aí uma justificação para revisão do preço

a) Pela teoria da álea extraordinária.
b) Pela teoria da imprevisão.
c) Por fato da administração.
d) Pela teoria da álea ordinária.
e) Pela teoria do desequilíbrio econômico-financeiro inicial do contrato.

20. Assinale a resposta correta.

a) Os contratos administrativos não podem ser modificados unilateralmente pela administração pública.
b) O contratado é responsável pelos encargos trabalhistas, previdenciários, fiscais e comerciais resultantes da execução do contrato administrativo.
c) Quando a rescisão do contrato administrativo ocorrer por caso fortuito ou força maior regularmente comprovado, impeditiva da execução do contrato administrativo, o contratado nunca poderá exigir o ressarcimento dos prejuízos que houver sofrido.
d) Apenas a inexecução total do contrato administrativo pode ensejar a sua rescisão.
e) Todas as alternativas são incorretas.

21. A lei nº 8.666/93 estabeleceu várias causas justificadoras de alteração por acordo das partes dos contratos administrativos. Entre as premissas abaixo assinale aquela que não constitui causa para alteração:

a) Força maior – evento humano que, embora previsível, não pode ser evitado porque independente da vontade do agente administrativo.
b) Caso fortuito – evento natural que por sua imprevisibilidade e inevitabilidade, cria para o contratado impossibilidade intransponível de regular execução do contrato.
c) Fato do príncipe – antiga excludente de obrigatoriedade para o cumprimento de contratos administrativos, própria das monarquias absolutistas.
d) Estado de necessidade – situação em que o agente administrativo alegando dificuldade financeira do erário, suspende unilateralmente e por tempo indeterminado o cumprimento das obrigações assumidas no contrato.
e) Álea econômica extraordinária – situação em que o contratante, ante a probabilidade de perda ser concomitante com a probabilidade de lucro, sofre perda ou tem lucro incomum.

22. Assinale a resposta correta.

Os dispositivos da lei n°8.666/93, quanto às cláusulas necessárias a todo contrato administrativo e que conferem à Administração Pública prerrogativas especiais,
a) Não se aplicam aos contratos de compra e venda entre Administrações Públicas.
b) Não se aplicam aos contratos de locações em que a Administração Pública for locador.
c) Não se aplicam aos contratos em que a Administração Pública for parte, como usuária de serviço público.
d) Não se aplicam aos contratos em que a Administração Pública for parte, como concedente de serviço público.
e) Não se aplicam àqueles contratos referidos na letra "a", "b", "c" e "d" anteriores.

23. Assinale a resposta correta.

Os contratos administrativos:
a) Regulam-se exclusivamente por suas cláusulas e pelos princípios gerais do direito público.
b) Têm duração legal adstrita à vigência dos respectivos créditos orçamentários, podendo ser prorrogado por tempo indeterminado no caso de obras de longa duração.

c) Detêm características semelhantes aos regidos pelos princípios da teoria geral dos contratos, não incidindo as cláusulas exorbitantes.
d) Podem ser formalizados sem prévia licitação sob o fundamento da conveniência e oportunidade administrativa
e) nenhuma das respostas acima.

24. Assinale a afirmação correta: com relação aos contratos administrativos, de um modo geral:

a) Cabe à Administração (contratante), optar por um das formas de garantia, previstas em lei.
b) É facultado às partes estabelecer o foro mais conveniente.
c) É facultado à Administração, unilateralmente, introduzir as modificações necessárias, para melhor adequação às finalidades de interesse público.
d) Corretas as opções das letras "a" e "b" supra.
e) Corretas as opções das letras "a" e "c" supra.

25. Quanto à publicidade dos contratos administrativos é correto afirmar:

a) Todo o contrato administrativo, tenha sido oriundo ou não de processo licitatório, necessita ter seu extrato (resumo) publicado em jornal de circulação local.
b) Os contratos oriundos de licitações por carta-convite não necessitam de publicação de seus extratos (resumo) em jornal de circulação local.
c) Somente em casos de tomada de preço e concorrência é necessária a publicação de extratos (resumos) de contratos administrativos em jornal de circulação local.
d) Quando o contrato originou-se de dispensa de licitação, não há a necessidade de publicação de extrato (resumo) desse em jornal de circulação local.
e) Nenhuma das respostas é correta.

26. Na extinção do contrato administrativo de uma concessão de serviço público, ao término do prazo nele previsto, ocorre o que se denomina:

a) Reversão.
b) Caducidade.
c) Encampação.
d) Rescisão.
e) Resgate.

27 O contrato administrativo tem como características:

I) A presença de cláusulas exorbitantes.
II) Sua imutabilidade.
III) A possibilidade de alteração unilateral pela Administração.

Analisando as afirmações acima, verifica-se que:

a) Todas estão erradas.
b) Apenas a I está correta.
c) Apenas a II está correta.
d) Apenas a III está correta.
e) Apenas a I e a III estão corretas.

28. Assinale a resposta correta.

O regime jurídico dos contratos administrativos confere à Administração Pública a seguinte prerrogativa:
a) Fiscalizá-los quanto a sua execução, havendo previsão contratual.

b) Modificá-los, unilateralmente, para melhor adequação às finalidades de interesse público, respeitados os direitos do contratado.
c) Rescindi-los unilateralmente, independentemente de justificativa e sem indenização ao contratado.
d) Aplicar sanções por sua inexecução, independente de motivação.
e) Alterar o seu objeto, por acordo de vontades, desde que respeite o direito do contratado.

29. Assinala a resposta correta.

O contrato administrativo para a realização de uma obra pública que, em razão do valor, exigiu licitação sob modalidade de concorrência, far-se-á, obrigatoriamente, por:
a) Carta-contrato.
b) Instrumento de contrato.
c) Nota de empenho de despesa.
d) Ordem de execução de serviço.
e) Instrumento de autorização.

30. Sobre os contratos administrativos, qual é a alternativa cujo item vem conceituado incorretamente?

a) obra pública – é todo o ajuste administrativo que tem por objeto uma construção, uma reforma ou uma ampliação de imóvel destinado ao público ou ao serviço público.
b) serviço – é o ajuste administrativo que tem por objeto uma atividade prestada à administração, para atendimento de suas necessidades.
c) fornecimento – é o ajuste administrativo pelo qual a administração adquire coisas móveis necessárias á realização de suas obras ou à manutenção de seus serviços.
d) gerenciamento – é o contrato em que o contratante (no caso, o governo) comete ao gerenciador a condução de um empreendimento de engenharia, inclusive com competência de decisão final sobre os trabalhos e propostas apresentados.
e) concessão – é o ajuste pelo qual a administração delega ao particular a execução remunerada de serviço ou de obra pública, ou lhe cede o uso de um bem público.

31. Em relação à rescisão dos contratos administrativos, observe:

I – O atraso superior a 60 dias dos pagamentos permite sua rescisão;
II – Apenas a inexecução total do contrato possibilita a sua rescisão;
III – Em nenhuma hipótese a administração pode rescindir unilateralmente os contratos.
Pode-se afirmar que:
a) Todas as afirmações estão corretas.
b) Todas as afirmações estão incorretas.
c) Apenas a afirmação I está correta.
d) Apenas as afirmações I e II estão corretas.
e) Apenas as afirmações I e III estão corretas.

32. Assinale a resposta correta.

Se for exigida uma garantia nas contratações de obras, serviços e compras, a lei permite:
a) Ao contratado fazer a opção por uma das garantias previstas em lei.
b) À Administração impor a garantia que entender conveniente.
c) Que o limite da garantia exceda a 20% do valor do contrato.
d) Que a garantia seja liberada ou restituída, na hipótese de contratação de obra, quando 50% desta estiver executada.
e) Nenhuma das respostas.

33. Assinale a resposta correta.

A disciplina legal dos contratos administrativos, de acordo com o art. 54 da Lei n° 8.666/93, estabelece que o contrato é:

a) Regido pelo edital que o precede e demais normas de direito privado aplicadas aos contratos em geral.
b) Regido pelas suas cláusulas e pelo estatuto do órgão da Administração Pública responsável pelo mesmo.
c) Regido pelas normas constitucionais aplicáveis ao caso, pelo edital e pelas cláusulas contratuais, sendo vedada a aplicação de normas de direito privado.
d) Regulado pelas suas cláusulas e pelos preceitos de direito público, aplicando-se-lhe, supletivamente, os princípios da teoria dos contratos e as disposições de direito privado.
e) Disciplinado pela constituição federal, pelo edital, por suas cláusulas e pela lei que instituiu o órgão responsável pelo mesmo.

34. **Assinale, nas alternativas a seguir, prerrogativa que o regime jurídico dos contratos administrativos, instituído pela legislação própria, não confere à administração pública:**
a) Modificação unilateral do contrato para melhor adequação às finalidades de interesse público, respeitados os direitos do contratado.
b) Rescisão unilateral nos casos previstos em lei.
c) Fiscalização da execução do objeto.
d) Aplicação motivada de sanções pela inexecução total ou parcial do ajuste.
f) Imposição, independentemente da aceitação do contratante, de acréscimos ou supressões, nas obras, serviços ou compras, superiores a 25% (vinte e cinco por cento) do valor inicial atualizado do contrato.

35. **Assinale a alternativa em que é inexigível a realização da licitação na formalização dos contratos administrativos:**
a) Quando houver possibilidade de comprometimento da segurança nacional, nos casos estabelecidos em decreto do Presidente da República, ouvido o Conselho de Defesa Nacional.
b) Para a aquisição ou restauração de obras de arte e objetos históricos de autenticidade certificada, desde que compatíveis ou inerentes às finalidades do órgão ou entidade.
c) Para a contratação de profissional de qualquer setor artístico, diretamente ou através de empresário exclusivo, desde que consagrado pela crítica especializada ou pela opinião pública.
d) Quando não acudirem interessados à licitação anterior e esta, justificadamente não puder ser repetida sem prejuízo para a administração, mantidas, neste caso, todas as condições preestabelecidas.
e) Nos casos de guerra ou grave perturbação da ordem.

36. **Considere as seguintes afirmações:**
I) Na distinção entre contratos administrativos e contratos de direito privado da administração, ganha relevância a possibilidade de a Administração Pública alterar unilateralmente o vínculo estabelecido, admitida apenas no primeiro caso.
II) Nos contratos administrativos típicos, o contratado não pode, em hipótese alguma, opor à Administração Pública a exceção do contrato não cumprido *(excptio non adimpleti contractus)*.
III) Por entrega e recebimento do objeto do contrato administrativo deve entender-se a etapa final da sua execução, para liberação do contratado.
Quais são as corretas?
a) Apenas I.
b) Apenas I e II.
c) Apenas I e III.

d) Apenas II e III.
e) I, II e III.

37. São obrigações do contratado no contrato administrativo, exceto:
a) A execução pessoal do objeto contratado.
b) Responsabilidade pelo recolhimento dos encargos fiscais.
c) A observância das normas técnicas adequadas.
d) A entrega do local da obra ou serviço nas condições de execução do contratado.
e) O emprego do material apropriado, quantitativa e qualitativamente.

38. O contrato administrativo possui as seguintes características, exceto a ser:
a) Ato unilateral.
b) *Intuito personae*.
c) Oneroso.
d) Formal.
e) Comutativo.

39. Com relação aos contratos administrativos, assinale a alternativa incorreta:
a) A competência atribuída à União para editar normas de caráter geral sobre contratos administrativos não exclui a possibilidade de elaboração de normas estaduais e municipais específicas sobra a matéria.
b) As chamadas "cláusulas exorbitantes" são prerrogativas especiais atribuídas à Administração Pública em um contrato administrativo, necessárias para preservação da supremacia do interesse público sobre o interesse do contratado.
c) Não se aplica aos contratos administrativos, em benefício do contratado, mesmo nas hipóteses de atraso prolongado de pagamento, a exceção do contrato não cumprido.
d) A Administração Pública pode aplicar sanções administrativas ao contratado, sem necessidade de prévia manifestação do Poder Judiciário.
e) A Administração Pública pode rescindir, unilateralmente, um contrato administrativo, nas hipóteses previstas em lei, sem necessidade da prévia manifestação do Poder Judiciário.

40. Nos contratos administrativos há cláusulas necessárias e cláusulas implícitas. A cláusula implícita é aquela:
a) Que fixa os preços.
b) Que autoriza a alteração unilateral por conveniência do serviço.
c) Que estabelece o regime de execução da obra ou do serviço.
d) Que discrimina os direitos e obrigações das partes.
e) Dos casos de rescisão do contrato.

41. Assinale a alternativa que contém a afirmação correta:
a) Licitação pública é sempre um procedimento facultativo que visa a selecionar a proposta mais vantajosa para a administração em conformidade com o princípio da vinculação ao instrumento convocatório.
b) O regime jurídico dos contratos administrativos confere à Administração Pública, em relação a eles, a prerrogativa de modificá-los, unilateralmente, para melhor adequação às finalidades de interesse público, desde que respeitados os direitos do contratado.
c) Pela inexecução total ou parcial do contrato administrativo, a Administração poderá, independentemente de prévia defesa do contratado, aplicar-lhe a sanção de advertência e de suspensão temporária de participação de licitação, por prazo superior a três anos.
d) Na contagem dos prazos estabelecidos na lei de licitações, incluir-se-á o dia do vencimento, inclusive quando for explicitamente disposto em contrário.

e) Não se aplicam, no que couber, as disposições da lei de licitações aos convênios, acordos, ajuste e outros instrumentos congêneres celebrados por órgãos e entidades da Administração Pública.

42. Assinale, entre as alternativas apresentadas, a que não reflete uma característica dos contratos administrativos:

a) Presença de cláusulas exorbitantes.
b) Adoção de procedimento licitatório para escolha do contratado.
c) Não observância, por parte da Administração, do equilíbrio econômico e financeiro do contratado.
d) Rigor quanto à forma contratual a ser adotada.
e) Restrições ao uso da exceção do contrato não cumprido.

43. Considere as afirmações referentes aos recursos nos processos administrativos de que trata a Lei nº 8.666/93, que institui normas sobre licitações e contratos da Administração Pública:

I – O recurso administrativo contra a habilitação ou inabilitação do licitante terá efeito suspensivo, podendo a autoridade competente, motivadamente e presentes razões de interesse público, atribuir ao recurso interposto eficácia suspensiva aos demais recursos.
II – Na contagem dos prazos estabelecidos na lei de licitações, excluir-se-á o dia do início e incluir-se-ão o do vencimento, e considerar-se-ão os dias consecutivos, exceto quando for explicitamente disposto em contrário.
III – Interposto o recurso será comunicado aos demais licitantes, que poderão impugná-lo no prazo de 5 dias.

Quais estão corretas?

a) Apenas a I.
b) Apenas a I e II.
c) Apenas a I e III.
d) Apenas a II e a III.
e) A I, a II e a III.

44. Assinale a assertiva correta:

O contrato administrativo pode ser alterado, consoante previsão da lei n° 8.666/93, por acordo das partes e desde que haja a devida justificação, quando:
a) Houver modificação do projeto para melhor adequação técnica aos seus objetivos;
b) Necessária a modificação do valor contratual em decorrência de acréscimos efetuados e desde que respeitado os limites permitidos pela lei;
c) Ocorrer descumprimento de cláusulas contratuais;
d) Quando houver sub-contratação total de seu objeto;
e) For conveniente a substituição da garantia dada para sua execução.

45. Sobre o tema contrato administrativo regido pela Lei nº 8.666/93, verifique as seguintes assertivas:

I – É inexigível a licitação para contratação de profissional de qualquer setor artístico, diretamente ou através de empresário exclusivo, desde que consagrado pela crítica especializada.
II – Os contratos regidos por esta lei poderão, dentre outras possibilidades, ser alterados, com as devidas justificativas, de forma unilateral, quando conveniente a substituição da garantia de execução.
III – A declaração de nulidade do contrato administrativo opera ex nunc, significando que os efeitos jurídicos só cessarão de produzir efeito a partir deste momento.

Qual a resposta correta?
a) Apenas a I.
b) Apenas a II.
c) Apenas a III.
d) Apenas a II e a III.
e) Todas estão corretas.

46. O contrato administrativo regido pela lei n°8.666/93 tem regras próprias. Diante desse tema verifique as seguintes assertivas:

I – As contratações de compra e obras no serviço público dependem de prévia licitação, exceto nos casos de exigibilidade e dispensa de licitação.
II – A modalidade de licitação apropriada para contratar serviços profissionais, cujo critério de julgamento consiste na avaliação do trabalho técnico ou artístico, de criação ou desenvolvimento intelectual, pago mediante prêmio, é o leilão.
III – No contrato administrativo, as cláusulas que excedem do direito civil impondo restrições aos contratantes chamam-se exorbitantes.
Qual a resposta correta?
a) Apenas a I.
b) Apenas a II.
c) Apenas a III.
d) Apenas a I e a III.
e) Todas estão corretas

47. Observe as seguintes colocações:

I – A minuta do futuro contrato sempre integrará o edital ou ato convocatório da licitação.
II – Decorridos 60 (sessenta) dias da data da entrega das propostas, sem convocação para a contração, ficam os licitantes liberados dos compromissos assumidos.
III – Os contratos regidos pela Lei nº 8666/93 poderão ser alterados unilateralmente pela Administração, com as devidas justificações, quando conveniente a substituição da garantia de execução.
Qual a resposta correta?
a) Apenas a I e a II.
b) Apenas a I e a III.
c) Apenas a II e a III.
d) Apenas a I.
e) Todas estão corretas.

48. Assinale a assertiva correta.

a) A sociedade de economia mista não se subordina à necessidade de licitação prévia para contratação com particular.
b) O órgão e a entidade pública têm legitimidade contratual.
c) A nulidade do procedimento licitatório não induz à do contrato por aplicação da teoria do fato consumado.
d) O regime jurídico dos contratos administrativos não confere à Administração Pública a prerrogativa de fiscalizar a execução dos contratos porque isto fere o princípio da liberdade empresarial do contratado.
e) Nenhuma das assertivas está correta.

49. A Lei nº 8.666/93 de forma expressa estabeleceu os motivos para a rescisão do contrato administrativo. Assinale a situação que não constitui motivo para a rescisão:

a) O não-cumprimento de cláusula contratual.

b) A lentidão no cumprimento do contrato.
c) O atraso justificado.
d) A sub-contratação parcial de seu objeto não admitida no edital e no contrato.
e) A instauração de insolvência civil.

50. Observe as seguintes premissas:
I – A fiança bancária é modalidade de garantia nos contratos administrativos.
II – É vedado o contrato com prazo de vigência indeterminado.
III – As cláusulas econômico-financeiras e monetárias dos contratos administrativos não poderão ser alteradas sem prévia concordância do contratado.
Assinale a resposta correta:
a) Todas as assertivas estão corretas.
b) Apenas a I e a II.
c) Apenas a II e a III.
d) Apenas a I e a II.
e) Apenas a III.

6. Servidor público

1. É incorreto dizer que:
a) O servidor público civil possui direito à livre associação sindical.
b) O concurso público terá validade de até dois anos, prorrogável uma vez, por igual período.
c) Poderá haver contratação, por tempo determinado, para atender à necessidade temporária excepcional.
d) Os cargos em comissão dependem de concurso público
e) Todas as respostas estão corretas.

2. Assinale a opção em que se reúnem as condições efetivamente fixadas pela Constituição Federal para a aquisição da estabilidade:
a) 2 anos de efetivo exercício, após nomeação para cargo de provimento efetivo, em virtude de concurso público.
b) 3 anos de efetivo exercício, após nomeação para cargo de provimento efetivo, em virtude de concurso público.
c) 5 anos de efetivo exercício, após nomeação para cargo de provimento efetivo, em virtude de concurso público.
d) 3 anos de efetivo exercício, após nomeação para cargo de provimento efetivo, em virtude de concurso público, ou 10 anos de efetivo exercício em cargo de provimento em comissão, independentemente de concurso.
e) 5 anos de efetivo exercício, após nomeação para cargo de provimento em comissão, em virtude de concurso público de provas e títulos, ou após contratação pela consolidação das leis do trabalho.

3. Não é admitida a acumulação de cargos na seguinte hipótese:
a) Juiz de Direito e magistério.
b) Dois cargos de magistério.
c) Um cargo de magistério com outro técnico científico.
d) Dois cargos privativos de médico.
e) Um cargo de Diretor de autarquia com emprego em fundação.

4. Servidor público do Estado do Rio Grande do Sul admitido em caráter temporário, estabilizado pelo artigo 19 do ato das Disposições Constitucionais Transitórias da Constituição Federal, pego em flagrante pelo seu chefe imediato, quando recebia dinheiro para alterar nota de empenho, poderá ser demitido:
   a) Após processo administrativo disciplinar.
   b) Pela verdade sabida, independentemente de instauração de processo administrativo.
   c) Somente por sentença judicial.
   d) Desde que seu procedimento acarrete prejuízo ao erário público.

5. Funcionário público municipal que, nomeado por concurso, teve o seu cargo extinto antes do término do estágio probatório (confirmatório):
   a) será aproveitado em outro cargo, imediatamente.
   b) será colocado em disponibilidade.
   c) será admitido "ad nutum".
   d) será exonerado.

6. As pessoas físicas que ocupam os cargos que compõem a estrutura de governo, ligados ao exercício de atribuições constitucionais, são denominadas
   a) Agentes honoríficos.
   b) Agentes credenciados.
   c) Agentes delegados.
   d) Agentes políticos.
   e) Agentes administrativos.

7. É incorreto dizer que:
   a) O servidor público civil possui direito à livre associação sindical.
   b) O concurso público terá validade de até dois anos, prorrogável uma vez, por igual período.
   c) Os cargos em comissão dependem de concurso público.
   d) Poderá haver contratação, por tempo determinado, para atender à necessidade temporária excepcional.
   d) O servidor público tem direito ao 13º salário.

8. Em relação aos servidores públicos civis, consta que:
   I – Os cargos públicos são acessíveis a todos brasileiros e estrangeiros residentes no país, que preencham os requisitos estabelecidos em lei.
   II – O funcionário público em estágio probatório pode ser dispensado por conveniência da Administração e independentemente de processo ou da observância de formalidades para apuração de sua capacidade.
   III – Têm eles direito à irredutibilidade dos vencimentos ou salários, à licença paternidade e ao repouso semanal remunerado.
   Pode-se dizer que
   a) Apenas as afirmativas I e II estão corretas.
   b) Apenas as afirmativas I e III estão corretas.
   c) Apenas as afirmativas II e III estão corretas.
   d) Todas as afirmativas estão corretas.

9. O servidor público federal, subordinado ao regime jurídico único da Lei nº 8.112/90, que ainda esteja em estágio probatório, não poderá
   a) Afastar-se para fazer curso de formação necessário a assumir outro cargo.
   b) Afastar-se para missão oficial no exterior.

c) Exercer cargo comissionado
d) Ter licença para atividade política.
e) Ter licença para mandato classista

10. Em tema de acesso ao serviço público, o prazo de validade de qualquer concurso público não pode ultrapassar:

a) Dois (2) anos.
b) Três (3) anos.
c) Cinco (5) anos.
d) Um (1) ano.
e) Quatro (4) anos.

11. O provimento de cargo público ocorre:

a) Com a posse.
b) Com entrada em serviço.
c) Com nomeação.
d) Com a exoneração.
e) Decorrido o prazo do estágio probatório.

12. O concurso público não poderá ser:

a) Apenas de prova.
b) Apenas de títulos.
c) Realizados em dias úteis.
d) n.r.a.

13. A respeito da exigência constitucional para preenchimento de cargos e empregos públicos é correto afirmar:

a) O concurso público é obrigatório para cargos efetivos e em comissão da Administração Pública direta e indireta;
b) O concurso público é obrigatório para todos os cargos vitalícios de qualquer dos Poderes da República;
c) O concurso público é obrigatório para os cargos efetivos de qualquer dos três Poderes da República;
d) Lei complementar poderá tornar facultativo o concurso público para cargos de provimento em comissão, efetivo ou vitalício do Legislativo e do Judiciário;
e) Concurso público é obrigatório na hipótese de nomeação para cargo de livre nomeação e exoneração, assim definido em decreto presidencial.

14. Para que alguém se torne funcionário público estável, deverá:

a) Ser nomeado em cargo de comissão, tomar posse e entrar em exercício e cumprir o estágio probatório.
b) Ser nomeado em caráter efetivo, tomar posse, entrar em exercício e cumprir o estágio probatório.
c) Ser nomeado em estágio probatório, entrar em exercício e cumprir estágio probatório.
d) Tomar posse, entrar em exercício e cumprir o estágio probatório.
e) Ser nomeado em estágio probatório, após a seleção, tomar posse, entrar em exercício e cumprir o estágio probatório.

15. Em que hipótese é automática a aposentadoria do servidor público?

a) Em caso de invalidez comprovada mediante inspeção de saúde realizada pelo órgão competente.

b) Quando o funcionário se encontrar em disponibilidade por mais de noventa dias consecutivos.
c) Em hipótese alguma, pois inexiste aposentadoria automática.
d) Quando requerida e não deferida. Decorridos mais de trinta dias.
e) Em caso de aposentadoria compulsória por implemento de idade.

16. **A respeito da responsabilidade do servidor e comunicabilidade de instâncias, pode-se dizer que:**
I – A absolvição judicial por falta de prova não repercute na esfera administrativa.
II – A Administração pode demitir funcionário por corrupção passiva com base, apenas, no inquérito administrativo.
III – A absolvição do réu funcionário, por não provada a autoria, não prejudica punição administrativa por falta residual.
Analisando as assertivas acima verifica-se que:
a) Apenas a I está correta.
b) Apenas a II está correta.
c) Apenas a III está correta.
d) Todas estão corretas.
e) Apenas a I e a II estão corretas.

17. **O servidor público civil estável pode perder o cargo:**
I – Por sentença judicial, ainda que sujeita a recurso.
II – Em virtude de processo administrativo disciplinar em que lhe seja assegurada ampla defesa.
III – Em virtude de sua diplomação como vereador municipal.
IV – Em virtude de sua convocação para o serviço militar.
Analisando as assertivas acima, verifica-se que:
a) Todas estão corretas.
b) Apenas a II está correta.
c) Apenas a IV está errada.
d) Todas estão erradas.

18. **Lei municipal extingue cargo público ocupado por servidor em estágio probatório que, por isso, é exonerado por ato do prefeito. Impetrado mandado de segurança, deve o juiz:**
a) Julgá-lo inadmissível, por necessária apreciação de lei em tese.
b) Concedê-lo, porque a lei não pode prejudicar direito adquirido ou ato jurídico perfeito.
c) Concedê-lo, se inobservadas as formalidades legais de apuração da capacidade do servidor.
d) Concedê-lo, não tendo havido prévio processo administrativo, assegurada ampla defesa.
e) denegá-lo, porque servidor instável não está protegido contra a extinção do cargo.

19. **O funcionário público responde civil, penal e administrativamente pelos seus atos. Em virtude da natureza dessas sanções, é correto afirmar que:**
a) Os três tipos acumulados de sanções não infringem a regra do *non bis in idem*.
b) Os três tipos de sanções não podem ser aplicados cumulativamente.
c) A condenação administrativa pressupõe a condenação penal.
d) O funcionário não pode sofrer três tipos de sanções pelo mesmo fato.
e) A acumulação dos três tipos de sanções infringe a regra do *non bis in idem*.

20. **O servidor público poderá vir a ser aproveitado em cargo mais compatível com a sua capacidade física, intelectual e vocação. Tal ato dá-se através:**
a) Readmissão.

DIREITO ADMINISTRATIVO – CONCURSO PÚBLICO

b) Transferência.
c) Reversão.
d) Reintegração.
e) Readaptação.

21. Se a pessoa nomeada para cargo público deixar de tomar posse no prazo legal:
    a) Será demitida.
    b) Será exonerada.
    c) Passará para o último lugar da lista de classificação.
    d) O ato de nomeação deverá ser tornado sem efeito.

22. Não é necessário o processo administrativo disciplinar no caso de:
    a) Exoneração.
    b) Suspensão.
    c) Demissão.
    d) Cassação de aposentadoria.
    e) Cassação de disponibilidade.

23. O deslocamento do servidor, com o seu cargo, para quadro de pessoal de outro órgão denomina-se:
    a) Aproveitamento.
    b) Readaptação.
    c) Remoção.
    d) Redistribuição.
    e) Recondução.

24. O servidor público adquire a efetividade no cargo:
    a) Em virtude de nomeação para cargo efetivo, após três anos de efetivo exercício.
    b) Em comissão, por mais de dez anos de exercício.
    c) Em virtude de nomeação para cargo efetivo, após período de experiência, na forma da lei.
    d) Em virtude de nomeação para cargo efetivo.

25. Sobre a exigência constitucional para o preenchimento de cargos e empregos públicos é correto afirmar:
    a) O concurso público é obrigatório só para cargos efetivos e em comissão da Administração Pública direta e indireta.
    b) O concurso público é obrigatório para os cargos efetivos de qualquer dos Poderes da República.
    c) O concurso público é obrigatório para os cargos vitalícios de qualquer dos três Poderes da República.
    d) Lei complementar poderá tornar facultativo o concurso público para cargos de provimento em comissão, efetivo ou vitalício do legislativo e do judiciário.
    e) Concurso público é obrigatório na hipótese de nomeação para cargo de livro nomeação e exoneração, assim definido em decreto presidencial.

26. José aceitou propina para acelerar um processo. José deverá ser:
    a) Demitido.
    b) Suspenso.
    c) Advertido.
    d) Exonerado.
    e) Posto em disponibilidade.

27. A fase em que são ouvidas testemunhas, no processo administrativo disciplinar, denomina-se:
a) Instauração.
b) Citação.
c) Defesa.
d) Relatório.
e) Instrução.

28. Assinale a alternativa que contém a afirmação incorreta:
a) O direito de greve do servidor público será exercido nos termos e nos limites definidos em lei complementar.
b) Entre os deveres dos servidores públicos, figura o dever de obediência às ordens legais dos superiores.
c) Entre outros, o princípio da moralidade deve reger a conduta da Administração Pública indireta.
d) A desapropriação de imóveis urbanos será sempre em títulos da dívida pública, desde que haja emissão previamente aprovada pelo Senado Federal, com prazo de resgate de até dez anos.
e) Os atos de improbidade administrativa importarão a suspensão dos direitos políticos, a perda da função pública, a indisponibilidade dos bens e o ressarcimento ao erário, sem prejuízo da ação penal cabível.

29. Sob o regime estatutário, não constitui forma de provimento de cargo público:
a) Admissão.
b) Nomeação.
c) Reintegração.
d) Ascensão.
e) Reversão.

30. A revisão administrativa pode ser interposta:
a) No prazo de 10 anos.
b) No prazo de 5 anos.
c) A qualquer tempo sempre que existir prova nova.
d) No prazo de 3 anos.
e) No prazo de 120 dias.

31. Aos 70 anos de idade a aposentadoria é:
a) Merecida.
b) Justa.
c) Voluntária.
d) Por doença.
e) Compulsória.

32. A penalidade de suspensão pode ser:
a) Convertida em perda de salário.
b) Convertida em multa.
c) Transformada em advertência.
d) Suspensa com a simples anotação da penalidade.

33. Assinale a resposta correta.
Os servidores públicos:
a) Podem ser regidos pelos regimes estatutário e celetista.
b) Podem acumular quaisquer cargos públicos remuneradamente, desde que haja compatibilidade de horários.

c) Têm direito a pleitear equiparação salarial, a exemplo dos trabalhadores da iniciativa privada, conforme previsão embutida na constituição federal.
d) Quando extintos seus cargos, ficarão em disponibilidade remunerada, até adequado reaproveitamento legal.
e) Pelo princípio da responsabilidade objetiva do estado, jamais responderão por seus atos enquanto servidores públicos.

34. Assinale a resposta correta.

Servidor público:
a) É denominação atribuída exclusivamente aos concursados.
b) Que ainda não adquiriu a estabilidade, é demissível *ad nutum*.
c) Nomeado para cargo em comissão, somente será demitido mediante o devido processo administrativo.
d) Se extinto o seu cargo, será lotado em outro cargo compatível com o anterior, a critério da Administração.
e) Por pertencer à Administração Pública, de importância vital ao bem-estar coletivo, não pode fazer greve.

35. Assinale a resposta correta.

É dever do servidor público:
a) Atender com presteza ao público.
b) Não guardar sigilo dos assuntos da repartição.
c) Cumprir ordens, seja qual for a ordem dada.
d) Não representar contra o abuso de poder.
e) Nenhuma das respostas.

36. Assinale a resposta correta.

Nos termos estatutários, o servidor público que não satisfizer os requisitos exigidos, durante o estágio probatório será:
a) Exonerado.
b) Demitido.
c) Readaptado.
d) Transferido.
e) Removido.

37. Assinale a resposta que não constitui dever dos servidores públicos.

a) Exercer com zelo e dedicação as atribuições do cargo.
b) Ser leal a sua instituição.
c) Guardar sigilo sobre assunto da repartição.
d) Cumprir o ato administrativo mesmo que ilegal em respeito ao atributo de presunção de legitimidade.
e) Tratar as pessoas com urbanidade.

38. Assinale a alternativa que contém a afirmação correta:

a) O servidor público entra imediata e necessariamente em exercício logo após a sua nomeação.
b) Os rios e lagos públicos são sempre bens municipais.
c) É garantido ao servidor público civil o direito à livre associação sindical.
d) As universidades públicas estão dispensadas de realizar as suas obras e compras através do certame licitatório.
e) O poder de polícia administrativa tem atributos específicos, entre os quais a executorieade, sempre dependente e autorização judicial.

39. De acordo com a Emenda Constitucional n° 19, a estabilidade do servidor público ocorrerá após:
   a) Dois anos de efetivo exercício.
   b) Três anos de efetivo exercício.
   c) Três anos de efetivo exercício no cargo.
   d) Três anos da data da aprovação no concurso público.
   e) Dois anos da data da realização do concurso, sendo prorrogável por igual período.

40. O servidor público civil da União não pode acumular:
   a) Dois cargos de professor.
   b) Dois cargos técnicos.
   c) Um cargo público com emprego no setor privado.
   d) Um cargo público com proventos de inatividade (aposentadoria ou reforma)
   e) Um cargo público com o benefício de aposentadoria previdenciária.

41. Posse é o ato que:
   a) Investe o cidadão em função pública.
   b) Investe o cidadão em cargo público.
   c) Reconhece a eficiência e eficácia do concursado.
   d) Reconhece a estabilidade do funcionário.
   e) Declara o funcionário efetivo em autoridade pública.

42. Ao retorno do aposentado por invalidez ao serviço público, por conta da insubsistência dos motivos que autorizaram sua aposentadoria, dá-se o nome de:
   a) Reversão.
   b) Readmissão.
   c) Recondução.
   d) Cassação da aposentadoria.
   e) Reempossamento.

43. A vacância do cargo público ocorre de:
   a) Readaptação.
   b) Licença para tratar de assuntos particulares.
   c) Reintegração.
   d) Aproveitamento.
   e) Exercício de função gratificada.

44. Se a demissão do funcionário vier a ser anulada por sentença do Poder Judiciário, ele:
   a) Será exonerado.
   b) Perderá o direito aos atrasados.
   c) Será ele reintegrado recebendo todos os atrasados.
   d) Será ele proibido de voltar ao exercício do cargo.
   e) Será readmitido, tendo direitos aos salários atrasados, assim como todos os demais direitos que faria jus se no cargo estivesse.

45. Constitui forma de provimento e vacância dos cargos públicos, de forma simultânea:
   a) Aposentadoria.
   b) Readaptação.
   c) Reversão.
   d) Aproveitamento.
   e) Demissão.

46. Ajuda de custo é uma vantagem paga ao servidor, além de seu vencimento, sob a forma de:

   a) Auxílio.
   b) Gratificação.
   c) Adicional.
   d) Indenização.
   e) Provento.

47. A proibição de acumular cargos, empregos e funções públicas, como tal estabelecida na Constituição:

   a) Restringe-se aos órgãos da Administração Federal direta.
   b) Restringe-se ao âmbito da Administração Federal, Estadual, Municipal indireta.
   c) Alcança órgãos e entidades da administração direta, indireta federal, estadual e municipal.
   d) Estende-se às concessionárias de serviços públicos em geral.
   e) Impede o servidor público de exercer atividades no setor privado.

48. A ação disciplinar, administrativamente, quanto às infrações cometidas por servidores públicos, puníveis com a penalidade de suspensão, por 90 dias, prescreve em:

   a) 5 anos.
   b) 120 dias.
   c) 180 dias.
   d) 1 ano.
   e) 2 anos.

49. Assinale a resposta correta:

   a) O servidor público será aposentado, compulsoriamente, aos setenta anos de idade.
   b) Comprovado, durante o estágio probatório, que o funcionário não satisfaz as exigências legais da administração, pode ser demitido justificadamente pelos dados colhidos no serviço, na forma estatutária.
   c) Para a demissão do servidor público vitalício, o único meio é o processo administrativo, pois deve ser assegurado o direito a ampla defesa, sendo que a decisão do administrador público deve ser motivada.
   d) Cargo em comissão é o que se escalona em classes, para acesso privativo de seus titulares, até o da mais alta hierarquia profissional.
   e) O tempo de serviço público prestado a qualquer das entidades estatais, por determinação constitucional, será integralmente computado para aposentadoria e a disponibilidade.

50. O servidor público civil da União, no exercício de mandato eletivo federal, ficará afastado do seu cargo efetivo, mas esse tempo será contado, integralmente:

   a) Para todos os efeitos legais, exceto para promoção por merecimento.
   b) Só para aposentadoria.
   c) Só para aposentadoria e disponibilidade.
   d) Só para efeito de estabilidade.
   e) Para todos os efeitos legais, sem ressalva.

51. No exercício do poder disciplinar é possível afirmar-se corretamente que:

   a) Conforme a natureza da falta, a Administração Pública tem a faculdade de dispensar o contraditório.
   b) O devido processo legal é indispensável apenas nas faltas consideradas graves e que possam ensejar a demissão.

c) Quando existentes em registros, é cabível a demissão independentemente do processo administrativo por aplicação do princípio da verdade sabida.
d) É da escolha da Administração a pena a ser aplicada.
e) É indispensável a descrição típica do fato à configuração da falta disciplinar.

52. O servidor público da União, que cometer infração administrativa, que configure também infração penal, não será punido, disciplinarmente, se
a) For absolvido do crime, por insuficiência de provas.
b) Ocorrer a prescrição penal.
c) Cumprir a pena criminal.
d) Vier a ser aposentado.
e) For primário.

53. Assinale a assertiva correta:
a) A readmissão é a recondução do servidor ao mesmo cargo que fora demitido, com o pagamento integral dos vencimentos e vantagens do tempo em que esteve afastado, uma vez reconhecida a ilegalidade da demissão em decisão judicial.
b) O provimento de cargos do Executivo é da competência exclusiva do chefe deste Poder, uma vez que a investidura é ato tipicamente administrativo.
c) Quadro é o agrupamento de classe da mesma profissão ou atividade, escalonadas segundo a hierarquia do serviço, para acesso privativo dos titulares dos cargos que a integram.
d) A reversão é o retorno do funcionário ao serviço, quando anulada administrativamente a sua desinvestidura.

54. A natureza do regime jurídico dos servidores públicos federais é de ordem predominante:
a) Privatista.
b) Contratual.
c) Celetista.
d) Eletiva.
e) Legal.

55. As instâncias administrativa, civil e penal, a que se subordina o servidor público, pelo exercício irregular das suas atribuições, são independentes entre si,
a) Mas não podem ser cumulativas as suas funções.
b) Mas inocentado na área administrativa, fica afastada a responsabilidade civil e penal.
c) Afastando-se a responsabilidade administrativa e civil, sempre que deixar de haver condenação penal.
d) Ficando afastada a responsabilidade administrativa, no caso de absolvição criminal, mas só quando esta negar a existência do fato ou da sua autoria.
e) Nenhuma das respostas.

56. O direito de petição, garantido constitucionalmente, é o direito de todo o funcionário requerer ou representar, pedir reconsideração ou recorrer, sempre observado que:
a) Se dirija a autoridade competente.
b) Sua petição não seja encaminhada através do seu chefe imediato.
c) Se dirija a autoridade competente através do chefe daquela.
d) Seja encaminhada por intermédio do chefe do peticionário à autoridade competente.
e) Se dirija a autoridade competente e sua petição vá através do seu chefe imediato.

57. O prazo para a conclusão de processo administrativo disciplinar de servidor público civil da União, contado da publicação do ato que constituir a comissão, admitida a sua prorrogação por igual período, é de:

a) 120 dias.
b) 90 dias
c) 60 dias.
d) 45 dias.
e) 30 dias.

58. Assinale a resposta correta.

O processo administrativo disciplinar:
a) Pode ser revisto, a qualquer tempo ainda que já falecido o servidor punido.
b) Pode ser revisto exclusivamente a pedido do servidor punido.
c) A simples alegação de injustiça da penalidade pode constituir fundamento para a revisão.
d) Se a comissão revisora entender que a punição foi excessivamente branda, poderá propor o agravamento da penalidade inicialmente imposta.
e) No processo revisional, o ônus da prova cabe à comissão revisora.

59. Assinale a resposta correta.

Deve ser criado por lei em número certo, com denominação própria e pago pela entidade estadual cuja estrutura se enquadra.
a) O funcionário público.
b) O quadro de pessoal, que é o conjunto de carreiras, cargos isolados e funções gratificadas de um mesmo serviço.
c) A carreira que é agrupamento de classes de uma mesma profissão.
d) A classe, que é um agrupamento de cargos da mesma profissão e vencimento.
e) O cargo público.

60. A remuneração do servidor público civil é a retribuição pecuniária pelo exercício do seu cargo, com valor fixado em lei, acrescida das vantagens pecuniárias que lhe sejam devidas:

a) Incorreta a afirmação, porque isto é conceito de vencimento e não de remuneração.
b) incorreta a afirmação, porque só integram a remuneração as vantagens pecuniárias de caráter permanente, estabelecidas em lei (além do vencimento).
c) Correta a afirmação.
d) Incorreta a afirmação, porque integram a remuneração, também, as indenizações pagas como diárias.
e) Incorreta a afirmação, porque remuneração é o próprio vencimento.

61. De acordo com a legislação federal em vigor, se o servidor nomeado para um cargo público toma posse, mas não entre em exercício dentro do prazo estipulado, deverá corretamente ser:

a) Exonerado de ofício.
b) Demitido puramente.
c) Demitido com a nota de "a bem do serviço público".
d) Transferido para outra carreira.
e) Sofrer pena de advertência ou de suspensão.

62. Sanções civil, penais e disciplinares ou administrativas:

a) Podem ser cumuladas, pois umas e outras são independentes entre si, em decorrência da natureza especial de cada uma delas.

b) Não podem ser cumuladas, por haver ferimento em princípio"non bis in idem", no direito disciplinar.
c) Não podem ser cumuladas, pois umas e outras estão sujeitas a disciplinamentos diversos.
d) Podem ser cumuladas, pois umas e outras se interligam, não possuindo, contudo, cada uma natureza especial, contribuindo, apenas, para agravamento da pena.
e) Não podem ser cumuladas, pois umas e outras não são independentes entre si.

63. Considerando a independência das instâncias civil, penal e administrativa, é correto afirmar que:
I – Ilícito administrativo independe do ilícito penal.
II – Responsabilidade prevista no art. 37, § 6°, da Constituição Federal (responsabilidade objetiva) é tão-somente civil.
III – A absolvição criminal do servidor, por negativa de autoria, não afasta a responsabilidade administrativa.
IV – O ilícito administrativo obriga o servidor a responder processo crime.
V – O êxito da ação regressiva dependerá da comprovação do dolo ou culpa do servidor.
Diante disso, é possível afirmar que estão corretas os itens:
a) II, IV e V.
b) I, III e IV.
c) II e V.
d) I e IV.
e) I, II e V.

64. O trecho abaixo apresenta cinco segmentos grifados, um dos quais contém um erro. Assinale a letra correspondente ao segmento incorreto.
A investidura é ato ou procedimento legal que vincula o agente público ao estado. A investidura vitalícia tem caráter de perpetuidade (a), e a destituição do agente exige processo judicial (b); a investidura efetiva tem presunção de definitividade (c) para tornar o agente estável após o decurso do estágio probatório, bastando processo administrativo (d) para a sua destituição; a investidura em comissão é de natureza transitória, mas exige fundamentação e justificativa (e) para a exoneração do agente.

65. Sobre o concurso público é correto afirmar:
a) Com a homologação do resultado do concurso, os candidatos aprovados adquirem o direito à nomeação, nos limites das vagas previstas no edital do certame.
b) As sociedades de economia mista exploradoras de atividade econômica sujeitam-se ao regime jurídico das empresas privadas, estando todas as suas contratações dispensadas da realização de concurso.
c) O candidato aprovado em primeiro lugar no concurso adquire o direito à nomeação quando um terceiro estranho ao concurso é nomeado para o cargo.
d) Nenhuma das alternativas é correta.

66. A proibição constitucional de acumular cargos, empregos e funções no setor público alcança as diversas áreas do governo (federal, estadual distrital e municipal), compreendendo tanto a administração direta, como, também a indireta.
Diante disso é possível concluir que é:
a) Incorreta, porque a vedação estende-se, também, aos chamados serviços sociais autônomos, às concessionárias de serviços públicos e às demais entidades sob controle indireto do poder público, como é o caso das subsidiárias de estatais.
b) Correta esta assertiva.

DIREITO ADMINISTRATIVO – CONCURSO PÚBLICO

c) incorreta esta assertiva, porque a vedação restringe-se à administração direta.
d) Incorreta, porque a vedação restringe-se a cada área de governo.
e) Incorreta, porque a vedação é restrita apenas a cargos públicos.

67. Constituem deveres do funcionário público, em geral, independentemente do regime jurídico a que estiver submetido e da pessoa jurídica de direito público a cujos quadros pertencer:

a) Não se filiar a partidos políticos de qualquer orientação.
b) Guardar lealdade às instituições a que servir.
c) Cumprir, prontamente, as ordens recebidas dos superiores, em qualquer situação, sem prejuízo do dever de denunciá-las, posteriormente, quando reputá-las manifestamente ilegais.
d) Representar contra ilegalidade, mas não contra simples omissões ou desvios de poder.

68. Sobre a acumulação de cargos públicos é correto afirmar:

a) É permitida ao magistrado aposentado a acumulação dos proventos da aposentadoria com vencimentos relativos a um cargo de professor.
b) É permitida a acumulação remunerada de um cargo técnico com um cargo de professor, independentemente da correlação de matérias e compatibilidade de horários.
c) É permitida a acumulação remunerada de um cargo de médico de uma fundação pública do distrito federal com dois cargos de professor de uma fundação pública da união.
d) Nenhuma alternativa é correta.

69. Sobre o servidor federal estável é correto afirmar:

a) Somente poderá ser demitido em virtude de sentença judicial transitada em julgado.
b) Pode ser colocado em disponibilidade não remunerada no caso de extinção do cargo.
c) Pode ser reconduzido ao cargo anteriormente ocupado caso seja inabilitado em estágio probatório relativo a outro cargo.
d) Nenhuma alternativa é correta.

70. O processo administrativo disciplinar:

I – Deve observar, entre outros, os princípios da oficialidade, da gratuidade e da atipicidade.
II – Exige o contraditório, salvo nos casos em que se investiga a prática de crime funcional.
III – Em que for verificada a existência de vício insanável terá sua nulidade, total ou parcial, declarada pela autoridade julgadora, que ordenará a constituição de outra comissão, para instauração de novo processo.

Assinalando as assertivas acima verifica-se que:
a) Apenas a I está errada.
b) Apenas a II está errada.
c) Apenas a III está errada.
d) Todas estão erradas.

71. Assinale a afirmação que expressa uma noção e distinção corretas entre os institutos da efetividade e estabilidade no serviço público:

a) A efetividade é um atributo pessoal do servidor, enquanto a estabilidade é pressuposto para a aquisição da efetividade.
b) A estabilidade é um atributo do cargo, enquanto a efetividade diz com a sua forma de investidura.
c) A efetividade é um atributo do cargo, enquanto a estabilidade e um atributo pessoal do ocupante do cargo.

d) Todo servidor estável é investido por concurso público, ao passo que o provimento efetivo se dá por meio da nomeação em cargo de confiança.
e) Os servidores das sociedades de economia mista são efetivados, porque concursados, ao passo que os servidores das autarquias são estáveis, porque admitidos pelo regime trabalhista.

72. **Na Administração Pública, o princípio da moralidade administrativa significa que a conduta do administrador ou servidor público:**
a) Está conforme ao que a lei permite.
b) Está conforme ao que a lei não proíbe.
c) É transparente, podendo todos dela ter conhecimento.
d) Está de acordo com a moral social.
e) Não configura desvio de finalidade.

73. **Sobre a estabilidade dos servidores públicos, modificado o instituto pela Emenda Constitucional nº 19/98, pode-se afirmar corretamente:**
a) A estabilidade é adquirida, após dois anos da nomeação, pelos ocupantes de cargo efetivo em virtude de concurso público.
b) O servidor estável só pode perder o cargo em virtude de sentença judicial transitada em julgado.
c) Apenas poderá perder o cargo em virtude de decisão condenatória proferida em processo administrativo.
d) Constitui motivo de perdimento do cargo se for reprovado na avaliação periódica de seu desempenho, assegurada ampla defesa.

74. **Assinale a resposta correta.**
Candidato aprovado em terceiro lugar em concurso público municipal:
a) Não pode ser preterido por outro, classificado em lugar inferior, quando da nomeação.
b) Somente poderá ser nomeado depois que o primeiro e o segundo classificado tiverem sido nomeados.
c) Tem direito líquido e certo à nomeação, na eventualidade de os dois primeiros não poderem ser nomeados.
d) Tem direito certo á nomeação, enquanto não declarado extinto o cargo.
e) Tem direito à nomeação, respeitado o prazo de validade do concurso, nunca superior a quatro anos.

75. **Assinale a conseqüência legal a que se sujeita o funcionário na prática de aliciar subordinados na repartição que chefia, no âmbito de um ministério, para que se filiem à associação sindical:**
a) Não sofrerá nenhuma sanção, pois é livre a sindicalização dos funcionários públicos.
b) Está sujeito a ser demitido pelo Ministro de Estado da pasta em que presta serviço.
c) Está sujeito, no máximo, a pena de advertência oral.
d) Está sujeito, no máximo, a pena de advertência escrita.
e) Está sujeito a ser suspenso.

76. **Assinale a resposta correta.**
Os servidores públicos:
a) Podem ser regidos pelos regimes "estatutário" e "celetistas".
b) Podem acumular, à luz do preceituado no texto constitucional quaisquer cargos públicos remuneradamente, desde que haja compatibilidade de horários.
c) Têm direito a pleitear equiparação salarial, a exemplo dos trabalhadores da iniciativa privada, conforme previsão embutida na Constituição Federal.

DIREITO ADMINISTRATIVO – CONCURSO PÚBLICO **137**

d) Quando extintos seus cargos, ficarão em disponibilidade remunerada, até adequado reaproveitamento legal.
e) Pelo princípio da responsabilidade objetiva do estado, jamais responderão por seus atos enquanto servidores públicos.

77. São estáveis, após três anos de efetivo exercício, os servidores nomeados em virtude de concurso público (Constituição Federal, art. 41). Este preceito constitucional vale:

a) Somente para os ocupantes de cargos vitalícios.
b) Somente para os ocupantes de cargos efetivos.
c) Somente para os ocupantes de cargos de livre nomeação.
d) Para os ocupantes de cargos efetivos e de livre nomeação.
e) Somente para os ocupantes de cargos eletivos.

78. Assinale a alternativa que contém a afirmação incorreta:

a) O princípio da ampla defesa também se aplica ao inquérito administrativo.
b) Constitui dever do servidor público representar contra ilegalidade, omissão ou abuso de poder.
c) Disponibilidade é a colocação do servidor titular de cargos em inatividade remunerada, até seu adequado aproveitamento em outro cargo.
d) O tempo de serviço do servidor afastado para exercer mandato eletivo será contada para todos os efeitos legais, inclusive para promoção por merecimento.
e) Os servidores públicos vitalícios e estáveis ficam em disponibilidade remunerada na hipótese de extinção dos respectivos cargos.

79. Assinale a alternativa que contém a afirmação correta:

a) A responsabilidade civil dos agentes da administração pública que, nessa qualidade, causarem danos a terceiros, é sempre subjetiva.
b) A coisa julgada criminal produz efeitos nas esferas civil e administrativa, exclusivamente quando houver condenação do servidor público.
c) Tratando-se de dano causado a terceiro, responderá o servidor perante a Fazenda Pública, em ação regressiva, nos termos da responsabilidade objetiva.
d) A responsabilidade civil do servidor público decorre apenas de ato comissivo e doloso, que resulte em prejuízo ao erário.
e) A responsabilidade extracontratual do Estado por atos lesivos praticados por seus agentes contra terceiros sempre se dá nos termos da teoria do risco integral, desde a Constituição de 1946.

80. O retorno do servidor público estável ao cargo anteriormente ocupado, ou ao cargo resultante de sua transformação, quando invalidada a sua demissão por decisão administrativa ou judicial, chama-se:

a) Reintegração.
b) Reversão.
c) Recondução.
d) Aproveitamento.
e) Transferência.

81. A garantia da estabilidade significa que o servidor público:

a) Não pode perder o cargo a não ser por sentença judicial transitada em julgado ou através de processo administrativo.
b) Não pode ser removido da repartição onde está lotado.
c) Não pode ser colocado à disposição de outro órgão estatal.

d) Não pode exercer outro cargo que não aquele para o qual foi nomeado.
e) Só pode perder o cargo durante o estágio probatório.

82. **Considera as seguintes afirmações:**

I – Aproveitamento é o reingresso do aposentado ao serviço ativo, ex ofício ou "a pedido", por não mais subsistirem as razões que determinaram a aposentação.
II – O agrupamento de cargos da mesma profissão, e com idênticas atribuições, responsabilidades e vencimentos denomina-se **classe**.
III – Por agentes públicos devem ser entendidas todas as pessoas físicas incumbidas, definitiva ou transitoriamente, do exercício de uma função estatal.
Quais são corretas?
a) Apenas I e II.
b) Apenas I e III.
c) Apenas II
d) Apenas II e III.
e) I, II e III.

83. **Assinale a alternativa que contém a afirmação correta:**

a) Os servidores das fundações públicas federais não devem ter o mesmo regime jurídico dos servidores autárquicos.
b) O servidor público estável só perderá o cargo em virtude de sentença judicial transitada em julgado.
c) O servidor empossado apenas em cargo em comissão adquirirá a estabilidade no serviço ao completar três anos de exercício no cargo.
d) Reversão é o retorno à atividade de servidor licenciado por motivo de doença, quando, por junta médica oficial, foram declarados insubsistentes os motivos do licenciamento.
e) São ocupantes de cargos vitalícios os Ministros de Tribunais de Contas.

84. **Considere as seguintes afirmações:**

I – O tempo de serviço do servidor afastado para exercer mandato eletivo será contado para todos os efeitos legais, exceto para a promoção por merecimento.
II – No uso do poder disciplinar, a Administração Pública tanto pode demitir como exonerar o servidor em estágio probatório, sendo desnecessário qualquer procedimento prévio quando se tratar de exoneração.
III – A reintegração é a forma de provimento de cargo público pela reinvestidura do servidor estável no cargo anteriormente ocupado quando invalidada a sua demissão por decisão administrativa ou judicial, com ressarcimento de todas as vantagens.
Quais estão corretas?
a) Apenas I.
b) Apenas I e II.
c) Apenas I e III.
d) Apenas II e III.
e) I, II e III.

85. **Sobre o servidor estável é correto afirmar:**

a) Somente poderá ser demitido em virtude de sentença judicial transitada em julgado.
b) Pode ser colocado em disponibilidade não remunerada no caso de extinção do cargo.
c) Pode ser reconduzido ao cargo anteriormente ocupado caso seja inabilitado em estágio probatório relativo a outro cargo.
d) Nenhum alternativa é correta.
e) Todas as alternativas estão corretas.

86. Durante a realização de concurso público para provimento de cargos, a Administração apura a ocorrência de fraude, que resultou no favorecimento de determinados candidatos, sem, no entanto, conseguir identificá-los.

Nesse contexto, atenta aos princípios aplicáveis, a Administração Pública deverá:
a) Revogar o certame, independentemente de provocação dos interessados.
b) Anular o concurso, de ofício, ainda que os interessados não o requeiram.
c) Aguardar pronunciamento do Poder Judiciário, face à notificada impetração de mandado de segurança por candidatos.
d) Anular o concurso, invocando razões de conveniência e oportunidade.
e) Anular o certame tão logo homologado o seu resultado e decorrido o prazo recursal previsto no edital.

87. A sanção administrativa de demissão, que somente pode ser aplicada a um funcionário ao término de um processo administrativo em que lhe seja assegurada ampla defesa, configura, sob a condição ressaltada, o exercício típico de poder administrativo:
a) Normativo.
b) De polícia.
c) Vinculado.
d) Discricionário.
e) Hierárquico.

88. Com relação aos servidores públicos, assinale a alternativa correta:
a) A aposentadoria compulsória do servidor público, aos 70 anos de idade, lhe assegura proventos integrais.
b) É livre a exoneração dos ocupantes de cargos comissionados, inexistindo necessidade de motivação do ato administrativo com este conteúdo.
c) A proibição de acumulação remunerada, prevista na Constituição Federal, somente se aplica para cargos públicos, não alcançando os empregos públicos.
d) A exoneração é a punição, imposta pela administração pública ao servidor público e que vai acarretar a sua exclusão do serviço público.
e) O servidor público investido no mandado de prefeito pode receber a remuneração do cargo e a remuneração correspondente ao mandato eletivo, se houver compatibilidade de horários para o exercício das duas atividades.

89. O ingresso no serviço público depende, em regra, de prévia sujeição a concurso público acerca do qual é certo dizer que:
a) A aprovação no certame gera direito à nomeação.
b) As pessoas portadoras de deficiência serão admitidas sem a realização de concurso, face à expressa disposição constitucional.
c) O prazo de validade do concurso será de até dois anos, prorrogável uma vez por igual período.
d) A realização do concurso se torna obrigatória para a Administração sempre que houver exigido o pagamento de taxa de inscrição aos candidatos.
e) Não se impõe à administração indireta a realização de concurso para o provimento de seus cargos e empregos.

90. A licença para tratar de assuntos particulares é concedida ao servidor público federal:
a) Por prazo indeterminado.
b) Com remuneração integral.

c) Por prazo de até 2 anos, sem remuneração.
d) Independentemente de ser instável o servidor.
e) Por prazo de até 2 anos, com remuneração.

91. A cada qüinqüênio ininterrupto de exercício, o servidor público federal fará jus à licença, à título de prêmio por assiduidade de:
a) 4 meses.
b) 6 meses.
c) 3 meses.
d) um trimestre.
e) 1 ano.

92. A existência de processo administrativo disciplinar é necessária e indispensável para impor ao funcionário federal efetivo estável a pena de:
a) Exoneração do cargo.
b) Destituição de função comissionada.
c) Demissão.
d) Advertência suspensão do exercício.

93. Não se concede a aposentadoria por:
a) Invalidez temporária.
b) 70 anos incompletos.
c) Invalidez permanente.
d) Cumprimento do tempo de contribuição.

94. O Advogado-Geral da União será nomeado pelo Presidente da República, devendo a escolha recair dentre cidadãos de notável saber jurídico e de reputação ilibada, que:
a) Sejam maiores de 21 anos.
b) Pertençam à respectiva carreira jurídica desse órgão.
c) Sejam maiores de 18 anos.
d) Sejam maiores de 35 anos.
e) Sejam maiores de 30 anos.

95. A estabilidade do servidor público ocorrerá:
a) Após três anos de efetivo exercício.
b) Após três anos da data da aprovação no concurso público.
c) Após um ano de efetivo exercício no cargo.
d) Após dois anos da data da realização do concurso, sendo prorrogável por igual período.
e) Após três anos da data da aprovação no concurso público.

96. Se o cargo de funcionário estável for declarado extinto, ele:
a) Perde a estabilidade.
b) Será aposentado.
c) Será colocado em disponibilidade, com proventos proporcionais ao tempo de serviço.
d) Será colocado em disponibilidade com proventos integrais.
e) Nenhuma está carreta.

97. O servidor público federal regido pelo regime da lei n° 8.112/90, se for estável, pode ser posto em disponibilidade remunerada, por motivo de:
a) Invalidez temporária.
b) Interesse particular.
c) Penalidade administrativa disciplinar.
d) Reversão de quem ocupava seu cargo.

e) Reintegração de quem ocupava seu cargo.

98. Assinale a assertiva correta:

a) O servidor público será aposentado, compulsoriamente, aos setenta anos de idade, com provento proporcionais ao tempo de contribuição.

b) Cargo em comissão é o que se escalona em classes, para acesso privativo de seus titulares, até o da mais alta hierarquia profissional.

c) Comprovado, durante o estágio probatório, que o funcionário não satisfaz as exigências legais da administração, pode ser demitido justificadamente pelos dados colhidos no serviço, na forma estatutária.

d) Para demissão do servidor público vitalício, o único meio é o processo administrativo, pois deve ser assegurado o direito de ampla defesa, sendo que a decisão do administrador público deve ser motivada.

e) O tempo de serviço público prestado a qualquer das entidades estatais, por determinação constitucional, será integralmente computado para a aposentadoria e a disponibilidade.

99. Considerando a lei que rege os servidores públicos civis da União, no tocante às suas responsabilidades civil, penal e administrativa, assinale a assertiva correta:

a) Considere que tenha sido instaurado, contra servidor, processo penal pelo cometimento de crime contra a Administração Pública, e que este foi absolvido pela negativa de autoria. Em face dessa situação, a responsabilidade administrativa do servidor ficará automaticamente afastada.

b) Caso o servidor público a quem se imputou o dever de indenizar prejuízo causado ao erário venha a falecer, essa obrigação de reparar o dano poderá ser estendida aos sucessores.

c) As sanções civil, penais e administrativas não poderão ser cumuladas, a fim de se evitar múltipla punição.

d) Condenado criminalmente o servidor por fato que causou prejuízo a terceiro, a vítima do dano deverá demandar a indenização apenas do servidor, restando de pronto afastada a responsabilidade civil da Administração.

e) A responsabilidade civil do servidor decorrerá apenas de ato doloso, seja este comissivo ou omissivo.

100. Os cargos em comissão serão ocupados preferencialmente:

a) Através de concurso público de provas ou de títulos.
b) Por servidores concursados.
c) Por servidores ocupantes de cargos de carreira técnica.
d) Nenhuma das respostas.

101. Quando o tema é regime jurídico do servidor público, é possível afirmar-se corretamente:

a) A investidura em cargo público depende de aprovação prévia em concurso público de provas ou de provas e títulos, de acordo com a natureza e a complexidade do cargo, na forma que for estabelecida pela Administração Pública.

b) A lei reservará os casos de contratação por tempo determinado para atender a necessidade temporária de excepcional interesse público.

c) A Administração Pública reservará percentual dos cargos e empregos públicos para as pessoas portadoras de deficiência, definindo pessoalmente os critérios de sua admissão.

d) Havendo compatibilidade de horários, é permitida a cumulação remunerada de cargos públicos.

e) A remuneração do servidor público será revista a qualquer tempo, sempre a critério da administração pública.

102. Assinale a resposta correta:

a) Os cargos, empregos e funções públicas são acessíveis exclusivamente aos brasileiros.
b) O prazo de validade do concurso público será de até 3 (três) anos, prorrogável uma vez, por igual período.
c) A lei reservará percentual dos cargos e empregos públicos para as pessoas portadoras de deficiência e definirá os critérios de sua admissão.
c) A administração estabelecerá por ato administrativo os casos de contratação por tempo determinado para atender a necessidade temporária de excepcional interesse público.
d) A lei poderá estabelecer forma de contagem de tempo de contribuição fictício.

103. O concurso público é a forma de acesso natural ao serviço público. Tomando por base este tema verifique as seguintes assertivas:

I – A Emenda Constitucional n° 19/98 fixou o prazo de validade do concurso em 3 anos.
II – A lei, e não ato próprio da administração, estabelecerá os casos de contratação por tempo determinado para atender a necessidade temporária de excepcional interesse público.
III – Readaptação é a investidura do servidor em cargo de atribuições e responsabilidade compatíveis com a limitação que tenha sofrido em sua capacidade física ou mental verificada em inspeção médica.

Qual a resposta correta?
a) Apenas a I.
b) Apenas a II.
c) Apenas a III.
d) Apenas a II e a III.
e) Todas estão corretas.

104. O tema servidor público é de grande importância para compreensão da relação jurídica do estado com as pessoas que nele trabalham. Diante disso verifique as seguintes assertivas:

I – O estado somente estará obrigado a reparar civilmente o dano se o lesado lograr demonstrar que o servidor público agiu com culpa.
II – A portaria instauradora de processo administrativo contra servidor público deve narrar um fato tipificável como ilícito administrativo que tenha previsão no estatuto próprio.
III – A aplicação da sanção administrativa com base na teoria do fato sabido encontra respaldo no princípio do devido processo legal.

Qual a resposta correta?
a) Apenas a I.
b) Apenas a II.
c) Apenas a III.
d) Apenas a II e a III.
e) Nenhuma assertiva está correta.

105. Assinale a resposta correta.

a) A investidura em cargo público depende de aprovação prévia em concurso público de títulos, de acordo com a natureza e a complexidade do cargo, na forma que for estabelecida pela Administração Pública.
b) A Administração Pública reservará os casos de contratação por tempo determinado para atender a necessidade temporária de excepcional interesse público.

c) A lei reservará percentual dos cargos e empregos públicos para as pessoas portadoras de deficiência, definindo os critérios de sua admissão.
d) Havendo compatibilidade de horários, é permitida a cumulação remunerada de cargos públicos.
e) A remuneração do servidor público será revista a qualquer tempo, sempre a critério da administração pública.

106. O concurso público é a forma de acesso natural ao serviço público. Tomando por base este tema verifique as seguintes assertivas:

I – O prazo de validade do concurso é de até 2 anos prorrogável por igual período.
II – A investidura em cargo público ocorrerá com a posse.
III – Reintegração é a investidura do servidor em cargo de atribuições e responsabilidade compatíveis com a limitação que tenha sofrido em sua capacidade física ou mental verificada em inspeção médica.
Qual a resposta correta?
a) Apenas a I e a II.
b) Apenas a I e a III.
c) Apenas a III.
d) Apenas a II e a III.
e) Todas estão corretas.

7 – Bens públicos

1. Numa das opções seguintes, insere-se condição inexigível para que a Administração Pública possa alienar bem imóvel. Assinale-a:
   a) Realização de prévia avaliação.
   b) Autorização legislativa.
   c) Observância de procedimento licitatório, na modalidade de concorrência.
   d) Participação de leiloeiro oficial.
   e) Existência de interesse público devidamente justificado.

2. Assinale a alternativa incorreta:
   a) Terras devolutas são aquelas pertencentes ao domínio público que não se acham utilizadas pelo poder público.
   b) As servidões administrativas independem de inscrição no registro de imóveis para se efetivar, nos termos da lei de registro público (Lei nº 6.015/73).
   c) As terras ocupadas com as vias e logradouros públicos pertencem às administrações que as construíram.
   d) As estradas de rodagem compreendem, além da pista revestida, os acostamentos e as faixas de arborização.
   e) As estradas de ferro, tanto podem pertencer ao domínio público de qualquer das entidades estatais como podem ser de propriedade particular, exploradas mediante concessão federal ou estadual.

3. Assinale a assertiva correta.
   Imóvel dominical do Município pode ser permutado por outro, contíguo,
   a) Na forma da legislação federal.
   b) Na forma da legislação estadual.
   c) Pelo Prefeito Municipal, autorizado pela Câmara dos Vereadores, dispensada licitação.

d) Pelo Prefeito Municipal, autorizado pela Câmara de Vereadores, exigida licitação.
e) Pelo Prefeito Municipal, independentemente de autorização da Câmara de Vereadores.

4. Assinale a resposta correta.

O contrato pelo qual a Administração Pública transfere a um particular a utilização privativa de imóvel público, mediante remuneração mensal, constitui:
a) Permissão de uso.
b) Cessão de uso.
c) Concessão de uso.
d) Concessão de direito real de uso.
e) Locação.

5. Pretendendo uma autarquia vender um bem imóvel adquirido por dação em pagamento, deverá valer-se do seguinte procedimento:

a) Autorização legislativa, avaliação prévia e realização de leilão.
b) Avaliação prévia, comprovação da necessidade ou utilidade da alienação e realização de concorrência pública.
c) Autorização legislativa e realização de licitação pública.
d) Avaliação prévia e realização de licitação, na modalidade correspondente ao valor do imóvel.

6. Assinale a resposta correta.

As terras devolutas municipais são:
a) Bens públicos de uso especial, afetados à obtenção de rendas.
b) Bens públicos dominicais, impenhoráveis e inalienáveis.
c) Bens públicos dominicais, integrantes do patrimônio disponível do Município.
d) Bens públicos afetados ao uso comum do povo.

7. Assinale a assertiva correta.

Existem certos bens públicos que, a depender de determinadas circunstâncias especiais, tanto podem ser da União ou do Estado de sua localização, como é o caso:
a) Das ilhas oceânicas.
b) Os terrenos de marinha.
c) Das praias marítimas.
d) Do mar territorial.
e) Dos recursos minerais.

8. Sobre o regime jurídico dos bens públicos é correto afirmar:

a) Os bens imóveis destinados ao uso comum do povo, após desafetados e passados à categoria dos bens dominicais, podem ser alienados independentemente de autorização legislativa.
b) A simples concessão de direito real de uso não se sujeita à prévia necessidade de licitação.
c) A venda de bens móveis não se sujeita à prévia necessidade de autorização legislativa.
d) Nenhuma alternativa é correta.

9. Integram o domínio público os bens adiante indicados e assim conceituados:

a) Terras devolutas: aquelas que, pertencentes ao domínio público de qualquer das entidades estatais, não se acharem utilizadas pelo poder público, nem destinadas a fins administrativos específicos.
b) Terrenos de marinha: todos os que, banhados exclusivamente pelas águas do mar, têm a sua extensão variável em função do movimento das marés.

c) Terras indígenas: aquelas que por lei ou contrato, ou mediante desapropriação, a União e os Estados doaram às tribos aculturadas;

d) Águas contíguas: aquelas situadas entre o litoral e o limite do mar territorial.

10. **Os terrenos de marinha, constituídos por uma faixa de terra à beira do mar, que se incluem entre os bens da União, podem ser objeto de aforamento, pelo qual ela se mantém no domínio direto do imóvel e deixa com o particular o seu domínio útil, obrigando-se este ao ônus de pagar um laudêmio, anualmente, bem como um foro, no caso de transferência a outrem dessa utilização.**

a) Incorreta a assertiva, porque o ônus devido anualmente pela utilização é o foro, cobrando-se o laudêmio no caso de transferência do uso a terceiros.

b) Incorreta a assertiva, porque os terrenos de marinha são constituídos pelas praias em geral, que são bens públicos de uso comum do povo, insusceptíveis assim de aforamento.

c) Incorreta a assertiva, porque o aforamento é uma forma de cessão sem ônus.

d) Correta a assertiva.

e) Incorreta a assertiva, porque o aforamento é perpétuo, insusceptível de eventual transferência a terceiros.

11. **Assinale a resposta correta.**

a) Os bens de uso especial são aqueles que, embora integrando o domínio público como os demais, deles diferem pela possibilidade sempre presente de serem utilizados em qualquer fim ou mesmo alienados pela administração, se esta assim o desejar.

b) Os bens públicos são, em regra, imprescritíveis e impenhoráveis, mas sujeitos a oneração.

c) O mérito do ato administrativo relaciona-se com a conveniência, legitimidade e legalidade, não estando sujeito ao âmbito do controle do Poder Judiciário.

d) As leis e decretos de efeitos concretos podem ser invalidados em procedimentos comuns, em mandados de segurança ou em ação popular.

e) Todas as alternativas são incorretas.

12. **A administração, na consecução de seus objetivos, se utiliza de bens ou regula seu uso, podendo-se afirmar corretamente:**

a) As limitações administrativas à propriedade particular implicam restrição geral e gratuita, impostas em caráter genérico, perseguindo um fim coletivo, mediante indenização.

b) As servidões administrativas constituem um direito real sobre bem de particular para a realização de obras públicas, mediante indenização.

c) Requisição é a utilização coativa de bens particulares, em caso de iminente perigo, autoexecutável e sujeita à indenização ulterior.

d) Ocupação é a utilização transitória remunerada ou gratuita de bem particular para a execução de obras ou atividades públicas.

13. **A existência de limitações administrativas específicas sobre determinado imóvel particular, impedindo seu uso regular:**

I – Assegura o direito de permutar esse imóvel com outro de igual valor de propriedade da pessoa jurídica de direito público que estabeleceu a limitação administrativa.

II – Permite ao seu proprietário pedir indenização pelo prejuízo sofrido.

III – Nada assegura ao seu proprietário, na medida em que prevalece o interesse público sobre o interesse particular.

Analisando as assertivas acima, verifica-se que:

a) Todas estão erradas.

b) Apenas a I está correta.

c) Apenas a II está correta.
d) Apenas a III está correta.
e) Todas estão corretas.

14. O poder derivado da soberania estatal pelo qual pode o estado (dispor) livremente, na forma da lei sobre todos os bens existentes no seu território, consiste no denominado
a) Direito de propriedade.
b) Poder de império.
c) Poder de polícia.
d) Domínio público.
e) Domínio eminente.

15. Os bens imóveis da União, não utilizados no serviço público, conforme dispõe expressamente a legislação específica (decreto-lei 9.760/46), poderão ser usados por terceiros (particulares), conforme o caso, mediante:
a) Locação, aforamento ou comodato.
b) Arrendamento.
c) Cessão, locação ou aforamento.
d) Comodato, cessão ou locação.
e) Aforamento, comodato ou cessão.

16. Para alienação de bens imóveis públicos, é dispensável a licitação no caso de:
a) Bens de uso especial.
b) Bens de uso dominial.
c) Investidura.
d) Bens havidos por doação.
e) Bens havidos por permuta.

17. A transferência a um particular, mediante contrato específico, do poder de explorar determinado serviço público, por sua conta e risco, configura:
a) Autorização.
b) Concessão.
c) Cessão.
d) Doação de uso.
e) Delegação.

18. A forma pela qual o particular pode utilizar um bem público, cujo domínio direto o estado detém, transferindo o chamado domínio útil, o qual pode ser transmissível a terceiros, mediante pagamento de laudêmio, é a (o):
a) Concessão de uso.
b) Permissão de uso.
c) Aforamento.
d) Usucapião.
e) Servidão.

19. O contrato pelo qual a administração pública transfere a um particular a utilização privativa de imóvel público, mediante remuneração, constitui:
a) Permissão de uso.
b) Cessão de uso.
c) Locação.
d) Concessão de uso.
e) Concessão de direito real de uso

20. Assinale a resposta correta.

a) Terras devolutas: aquelas que, pertencentes ao domínio público de qualquer das entidades estatais, não se acharem utilizadas pelo poder público, nem destinadas a fins administrativos específicos.
b) Terrenos de marinha: todos os que, banhados exclusivamente pelas águas do mar, têm a sua extensão variável em função do movimento das marés.
c) Zona contígua: aquela situada entre o litoral e o limite do mar territorial.
d) Zona econômica exclusiva: aquela situada entre o mar territorial e a zona contígua

21. **Dentre as diferentes formas de utilização dos bens públicos, podem ser mencionados as seguintes:**

a) Aforamento: meio pelo qual o Estado, conservando o domínio útil sobre determinado bem imóvel, transfere ao particular o respectivo domínio direto para que use, goze e disponha do mesmo bem, segundo sua finalidade.
b) Concessão de uso: ato bilateral, necessário, remunerado, em que se atribui ao particular o domínio temporário de bem público, para que explore segundo sua destinação específica.
c) Permissão de uso: ato negocial, unilateral, discricionário e precário, em que se faculta ao particular a utilização individual de determinado bem público.
d) Concessão de domínio: cessão temporária e condicional de terras públicas a particulares, para utilização gratuita ou remunerada, pelo prazo e as condições constantes do respectivo termo administrativo ou escritura publica.

22. **O bem imóvel dominical do Município pode ser permutado por outro, contíguo,**

a) Na forma da legislação estadual.
b) Na forma da legislação municipal.
c) Pelo Prefeito Municipal, autorizado pela Câmara de Vereadores, exigida a licitação.
d) Pelo Prefeito Municipal, autorizado pela Câmara de Vereadores, dispensada a licitação.
e) Pelo Prefeito Municipal, independentemente de autorização da Câmara de Vereadores.

23. Assinale a resposta correta.

O pedágio:
a) Deve, sempre que possível, ter caráter pessoal e ser graduado segundo a capacidade econômica do respectivo contribuinte.
b) Pode ser instituído por decreto e exigido no mesmo ano da publicação deste.
c) Pode ser instituído por decreto, mas não exigido no mesmo ano da publicação deste.
d) Deve ser instituído por lei, mas não pode ser exigido no mesmo ano da publicação desta.

24. Assinale a assertiva correta:

a) São incluídas, por exclusão, entre os bens de uso especial dos estados-membros, todas as terras devolutas não compreendidas entre as da União.
b) A partilha entre as terras devolutas estaduais e municipais será feita pala União, mediante lei, que estabelecerá o critério para divisão.
c) As sociedades de economia mista, em razão da participação majoritária do capital público na sua constituição, não estão sujeitas, no que diz respeito aos seus bens, à penhora
d) Considera-se a natureza jurídica da faixa de fronteira como bem de uso especial da União.

25. Assinale a alternativa que contém a afirmação incorreta:

a) As ruas são bens de uso comum do povo.
b) As águas dos rios são bens de uso especial.

c) Os recursos minerais são bens da União.
d) As pessoas jurídicas de direito privado prestadoras de serviço público respondem nos termos da responsabilidade objetiva pelos danos que seus agentes causarem a terceiros.
e) A alienação de bens imóveis de autarquias dependerá de autorização legislativa, de prévia avaliação, da existência de interesse público devidamente justificado, bem como de licitação na modalidade de concorrência.

26. Assinale a alternativa que contém a afirmação correta:
a) Os rios e praças são bens dominicais de uso comum do povo.
b) Os bens de uso especial são aqueles que integram o chamado patrimônio público disponível.
c) A imprescritibilidade, impenhorabilidade e inalienabilidade constituem características exclusivas dos bens públicos pertencentes à administração direta.
d) A alienação de bem imóvel da Administração Pública, através de dação em pagamento, constitui uma das hipóteses de dispensa de licitação.
e) A alienação de bens móveis da Administração Pública depende de avaliação prévia e do emprego da licitação sempre na modalidade de tomada de preços.

27. No direito administrativo, a praça é tida como um bem público de :
a) Uso comum do povo, que necessita de registro no registro de imóveis.
b) Uso comum do povo, no qual a Administração exerce seu poder de polícia.
c) Uso especial, que pode ser vendido mediante contrato de compra e venda.
d) Uso especial, por sua destinação.
e) Uso especial, que por conveniência da Administração, pode ter seu uso cedido a particular.

28. Com relação ao uso do bem público, é correto afirmar que:
a) A concessão de uso é uma das formas de se atribuir ao particular o uso privativo de bem público. Trata-se de ato administrativo negocial, discricionário e precário, onde a administração pública pode retomar o bem a qualquer tempo, sem o dever de indenizar;
b) A permissão de uso de bem público, atualmente é formalizada por contrato administrativo precário, realizando-se licitação para a escolha do permissionário;
c) A autorização de uso é modalidade precária em que o poder público, por ato administrativo, atribui a particular o uso de bem público;
d) A concessão de direito real de uso é utilizada para atribuição do uso de bens públicos entre entidades da administração pública ou órgãos públicos.
e) A cessão de uso é contrato administrativo em que se atribui a pessoa física ou jurídica o direito real incidente sobre bem público, vinculado a determinada destinação de interesse público a ser dada ao bem.

29. Assinale a alternativa que contém a afirmação correta:
a) O contrato de concessão pessoal de uso do bem público gera o direito de seqüela para o contrato.
b) A autorização de uso do bem público é ato unilateral, discricionário e precário.
c) Os bens públicos municipais são, em regra, prescritíveis, penhoráveis e sujeitos à oneração.
d) Os contratos administrativos regulam-se pelos preceitos de direito privado, aplicando-se-lhes, supletivamente, as disposições de direito público.
e) A revogação da licitação ocorre por motivo de ilegalidade, ao passo que a anulação ocorre quando, justificadamente, o certame licitatório for considerado inconveniente à administração pública.

30. Assinale a alternativa que contém a afirmação correta:

a) As ilhas fluviais são sempre bens da união.
b) O procedimento licitatório é dispensável quando houver inviabilidade de competição.
c) De acordo com a lei de licitações, é permitida a adoção da figura do contrato verbal para as compras em geral.
d) A publicação resumida do instrumento de contrato ou de seus aditamentos na imprensa oficial é condição indispensável à sua eficácia.
e) Por ilegalidade ou ilegitimidade, deve a Administração Pública, de ofício ou por provocação, anular o certame licitatório sempre com efeitos *ex nunc*.

31. Assinale a alternativa que contém a afirmação correta:

a) A alienação de imóvel pertencente às sociedades de economia mista dependerá de autorização legislativa e de licitação na modalidade de tomada de preços.
b) A alienação de bens móveis da Administração Pública dependerá de licitação na modalidade de tomada de preços, sem necessidade de avaliação prévia.
c) A alienação de bens imóveis da administração pública dependerá sempre de licitação na modalidade de tomada de preços, ainda quando exigida avaliação prévia.
d) A alienação de imóvel pertencente às entidades autárquicas dependerá de autorização legislativa, de avaliação prévia e de licitação na modalidade de concorrência, salvo as hipóteses legais de dispensa.
e) A alienação de bens móveis e imóveis da Administração Pública deverá ser feita sem licitação, quando pertencentes às sociedades de economia mista.

32. Tratando-se de bens públicos é possível se afirmar corretamente:

a) Obrigatoriamente são afetados para a prestação de um serviço público.
b) São passíveis da ação de usucapião, desde que regularmente citados os órgãos federais, estaduais e municipais para o competente processo.
c) Classificam-se como de uso comum, uso especial e dominiais.
d) São impenhoráveis, resguardada a hipótese de insuficiência de receita do erário para o cumprimento de decisões judiciais previamente convencionadas.
e) Não compreendem as terras devolutas, visto que não se acham afetadas por utilização pública e são passíveis de alienação.

33. Assinale a resposta correta:

Na alienação de bens públicos:
a) Quando imóveis, a modalidade legalmente prevista é a de carta convite, permitida a concorrência, visto ser mais solene esta procedimento que resguarda, inclusive, a moralidade do administrador.
b) Quando imóveis, deverá sempre existir prévia autorização legislativa, a não ser que à alienação tenha precedido o competente procedimento de avaliação pelo avaliador judicial.
c) Inexiste hipótese de dispensa de licitação.
d) Quando móveis, poderá ser dispensada a licitação, desde que a modalidade prevista seja tomada de preços.
e) Poderá ocorrer a doação para outro órgão ou entidade da Administração Pública, de qualquer esfera de governo.

34. Tendo por base a doutrina e a legislação referente ao domínio público, julgue os itens a seguir:

a) O mar territorial compreende uma faixa de duzentas milhas marítimas de largura, medidas a partir da linha de beira-mar dos litorais continental e insular brasileiro.

b) As águas do mar territorial brasileiro são públicas e de uso comum, inclusive para a passagem inocente. Sobre elas o Brasil exerce sua soberania.
c) A zona contígua estende-se por doze milhas além dos limites do mar territorial. Ultrapassada essa área – e até que se inicie a zona contígua de outras terras –, nenhuma nação exerce soberania ou qualquer domínio individual.
d) As jazidas minerais pertencem exclusivamente à União. O produto da lavra, contudo, pertence aos cessionários que as exploram, garantindo-se aos proprietários do solo participação nos resultados.
e) A Constituição Federal atribui aos Estados o domínio exclusivo sobre os rios públicos, em detrimento dos demais entes da federação.

35. Assinale a alternativa que contém a afirmação correta.
a) Os terrenos de marinha se constituem em bens de uso comum do povo.
b) Quando o foreiro, na enfiteuse, deixar de pagar o foro por três anos consecutivos, sofrerá o comisso, isto é, a perda do aforamento.
c) O mar territorial do Brasil se constitui em bem público dominical.
d) Os atos administrativos negociais e enunciativos, alem da presunção de legitimidade, possuem, também, o atributo da imperatividade.
e) A teoria da imprevisão não se aplica aos contratos administrativos.

36. Sob a perspectiva do direito administrativo, o que caracteriza os bens do patrimônio administrativo, como traço essencial, é serem eles:
a) Objetos de uma relação de domínio do estado.
b) Objeto de uma relação de domínio e de posse do estado.
c) De uso comum do povo.
d) De uso especial da administração.
e) Vinculados a um fim peculiar da Administração Pública.

37. O tema é bem público. Assim, assinale a alternativa que contém a afirmação correta.
a) Os rios e as praças são bens dominicais de uso comum do povo.
b) Os bens de uso especial são aqueles que integram o chamado patrimônio público disponível.
c) A imprescritibilidade, impenhorabilidade e inalienabilidade constituem características exclusivas dos bens públicos pertencentes à chamada administração direta.
d) A alienação de bem imóvel da Administração Pública, através de dação em pagamento, constitui uma das hipóteses de dispensa de licitação.
e) A alienação de bens móveis da Administração Pública depende de avaliação prévia e do emprego da licitação sempre na modalidade de tomada de preços.

38. Tome por tema os bens públicos e verifique as seguintes assertivas:
I – A praça é um bem de uso comum do povo consoante definição do Código Civil.
II – A venda de bens imóveis da Administração Pública depende de prévia autorização legislava.
III – Os terrenos de marinha e plataforma continental são alguns bens da União.
Qual a resposta correta?
a) Apenas a I
b) Apenas a II.
c) Apenas a III.
d) Todas estão corretas.
e) Apenas a I e a II.

39. Observe as seguintes assertivas.

I – Entende-se por investidura a alienação aos proprietários de imóveis lindeiros de área remanescente ou resultante de obra pública, área esta que se tornar inaproveitável isoladamente, cujo critério de preço é estabelecido em lei.
II – A doação de bem móvel dependerá de avaliação prévia, dispensada a licitação.
III – A venda de bem imóvel a outro órgão ou entidade da Administração Pública dependerá de autorização legislativa, avaliação prévia e licitação.
Diante disso, qual a resposta correta?
a) Apenas a I.
b) Todas estão corretas.
c) Apenas a I e a II.
d) Apenas a II.
e) Apenas a III.

40. Assinale o bem que não é da União.
a) Mar territorial.
b) Acrescidos de marinha.
c) Águas subterrâneas.
d) Terrenos de marinha.
e) Potenciais de energia hidráulica.

8 – Intervenção do Estado na propriedade privada

1. Por preceito constitucional, o Estado pode desapropriar a propriedade privada. Assim,

I – Compete apenas à União a desapropriação por interesse social, para fins de reforma agrária.
II – Compete apenas à União legislar sobre desapropriação.
III – Compete aos municípios a desapropriação para promover a utilização adequada dos imóveis urbanos.
Diante disso, qual item é verdadeiro?
a) Apenas as afirmativas I e II são incorretas.
b) Apenas as afirmativas II e III são incorretas.
c) Apenas a afirmativa II é incorreta.
d) Apenas a afirmativa II é incorreta.
e) Nenhuma das afirmativas é incorreta.

2. Assinale a resposta correta:

a) Segundo a jurisprudência do Supremo Tribunal Federal, o valor da prévia e justa indenização na desapropriação há de ser assegurado já por ocasião da imissão provisória na posse.
b) Segundo a jurisprudência pacífica do Supremo Tribunal Federal, a retrocessão, no caso de tredestinação ou adestinação do bem expropriado, configura simples direito pessoal que se resolve em perdas e danos.
c) A indenização da propriedade, no caso de desapropriação para fins de reforma agrária, não há de ser necessariamente prévia, uma vez que o pagamento do imóvel há de se fazer mediante entrega de títulos da dívida agrária.

d) Segundo a jurisprudência do Supremo Tribunal Federal, as condições de uso, gozo e fruição da propriedade material ou imaterial não podem ser objeto de alteração mediante decisão legislativa superveniente.

e) A Constituição Federal autoriza a desapropriação pelo Município de terrenos urbanos não edificados, subutilizados ou não utilizados, com pagamento mediante títulos da dívida pública de emissão previamente aprovada pelo Senado Federal.

3. A desafetação, enquanto instrumento de intervenção na propriedade, é:

a) Fato ou manifestação do poder público mediante o qual o bem público é subtraído à dominialidade estatal para incorporar-se ao domínio privado do estado ou do particular.
b) Ato pela qual a lei torna alienável o bem público.
c) É a forma pela qual a propriedade pública fica desonerada da finalidade privada na qual vinha sendo utilizada.
d) A descaracterização do interesse individual na utilização do bem público.
e) É sinônimo de investidura.

4. Assinale a resposta correta.

Na desapropriação:
a) Considera-se de necessidade pública o aproveitamento industrial de minas.
b) A imissão provisória na posse só poderá efetuar-se após a citação do réu.
c) Considera-se caso de utilidade pública a salubridade pública.
d) A desapropriação de bens privados depende de autorização legislativa específica.
e) Ao Poder Judiciário é permitido decidir se ocorrem ou não os casos de utilidade pública.

5. O Município M, com o objetivo de ali construir escola profissionalizante rural, e sem outras formalidades, declarou de utilidade pública para fins de desapropriação a parte situada em seu território do álveo abandonado de um rio navegável que banha os Municípios M e F situados nos estados do Rio Grande do Sul e de Santa Catarina, respectivamente, e cuja corrente, atravessando propriedades particulares, havia sido desviada pelos mencionados estados-membros em decorrência de convênio entre ambos celebrado para construção de usina hidrelétrica. Com base nestes dados, pode-se afirmar que o decreto expropriatório é:

a) Ilegal, porque não se inclui na competência do município a prestação do serviço para que se deu a declaração de utilidade pública.
b) Ilegal, porque o bem expropriado é insuscetível de desapropriação.
c) Ilegal por falta de autorização legislativa municipal.
d) Legal e constitucional.
e) Legal por atender ao plano energético do estado.

6. Em caso de perigo iminente, as autoridades competentes podem usar da propriedade particular, assegurada ao proprietário indenização ulterior. Em se tratando de bens infungíveis caracterizada estará a:

a) Requisição típica.
b) Ocupação temporária.
c) Servidão administrativa.
d) Desapropriação indireta.

7. Assinale a resposta correta.

A exigência, imposta por lei municipal, de recuo de determinado número de metros na construção a ser levantada em terreno urbano, constitui:

a) Servidão predial.
b) Servidão administrativa.
c) Limitação administrativa.
d) Desapropriação parcial do terreno.

8. O poder público, agindo ilicitamente, ocupa imóvel particular e nele se inicia a construção de obra pública. Para a reparação do direito lesado, a ação adequada a ser proposta pelo proprietário é a

a) Ação de retrocessão.
b) Ação de reintegração de posse.
c) Ação de desapropriação indireta.
d) Ação de desapropriação.

9. Assinale a assertiva correta.

Estabelece a Constituição da República que a desapropriação de bens deve ser prévia, justa e, em regra, em dinheiro. É justa a indenização quando correspondente:
a) Ao valor venal constante dos registros fiscais do poder expropriante.
b) Ao valor de aquisição pelo expropriado acrescido de correção monetária apurada pelos índices oficiais.
c) Ao valor do bem no mercado.
d) Ao valor fixado na planta genérica de valores do município respectivo.

10. Assinale a resposta incorreta

A servidão administrativa:
a) É de execução indelegável.
b) É passível de retrocessão.
c) Depende necessariamente de prévio ato declaratório.
d) Depende necessariamente de prévia indenização.
e) Intervém na propriedade privada.

11. Assinale a resposta correta.

Na desapropriação indireta,
a) Pode o juiz deferir liminar para que o poder público deposite, previamente, em dinheiro o valor da indenização.
b) Descabe indenização, porque o princípio que rege a matéria é o da função social da propriedade.
c) Cabe indenização, em razão do princípio da igual repartição dos encargos públicos.
d) As partes são conduzidas necessariamente à retrocessão, em virtude do desvio de finalidade do ato.
e) O ato caracteriza-se como espécie de desapropriação por interesse público.

12. Sendo a servidão administrativa um direito real de gozo, ela:

I – Necessita de ato administrativo declaratório.
II – Pode ser estabelecida sobre imóveis da própria pessoa jurídica de direito público.
III – Não limita a propriedade.
Analisando as assertivas acima, verifica-se que:
a) Todas estão erradas.
b) Apenas a I está correta.
c) Apenas a II está correta.
d) Apenas a III está correta.

13. Assinale a resposta correta.

A declaração de utilidade pública, para fins de desapropriação,
a) Só pode ser expedida pela União.
b) Não pode ser expedida pelos Municípios.
c) Pode ser expedida pela União, Estados e Municípios.
d) Não pode ser expedida pelo Poder Legislativo.
e) Não pode ser expedida por decreto.

14. Assinale a assertiva correta.

O decreto que desapropria qualquer bem imóvel:
a) É o documento essencial para o contrato de compra e venda a ser realizado entre a Administração e o particular.
b) Se viciado, não pode ser revogado pela Administração Pública.
c) Se perfeito, pode ser anulado pela administração pública.
d) É uma forma de intervenção do poder público no direito privado ou uma restrição ao direito público.
e) Só admite tutela administrativa.

15. Assinale a resposta certa.

Quando se tem presente a intervenção do estado no direito de propriedade é correto afirmar-se que:
a) São constitucionalmente permitidas tanto as desapropriações, quanto as requisições e as servidões administrativas.
b) O tombamento se realiza por ação direta da Administração sobre o bem do particular.
c) Somente as coisas corpóreas, móveis ou imóveis, são expropriáveis.
d) A desapropriação indireta é legalmente permitida e se verifica sempre que o proprietário oferece resistência a imissão na posse do bem expropriado.
e) A desapropriação é uma forma de aquisição da propriedade pelo Poder Público, porque a transferência do domínio deve ser precedida de ato declaratório da necessidade, da utilidade pública ou do interesse social do bem expropriando.

16. Os honorários advocatícios no processo de desapropriação deverão ser fixados pelo juiz na sentença:

a) Entre 10% e 20% do valor da condenação.
b) Entre 10% e 20% do valor depositado previamente pelo ente público.
c) Entre 10% e 20% da diferença entre o valor depositado e a condenação.
d) Até 20% do valor da condenação;
e) Até 5% da diferença entre o valor depositado e a condenação.

17. Sobre a desapropriação é correto afirmar:

a) A União, os Estados e os Municípios poderão desapropriar, para fins de reforma agrária, o imóvel rural que não esteja cumprindo a sua função social, mediante justa indenização em títulos da dívida agrária.
b) A alegação de desvio de finalidade por parte do ato expropriatório não pode ser feita na contestação à ação de desapropriação, consoante entendimento jurisprudencial dominante.
c) Em face do princípio da função social da propriedade, antes da sentença da ação expropriatória, o expropriante pode imitir-se provisoriamente na posse do imóvel, ainda que não se trate de caso de urgência.
d) Nenhuma alternativa é correta.

18. Na desapropriação para fins de reforma agrária é correto afirmar-se que ela incide sobre:

a) Imóveis improdutivos.
b) Imóveis entre 4 e 15 módulos fiscais.
c) Qualquer imóvel rural que não cumpra a função social.
d) Qualquer imóvel de área superior a 15 módulos fiscais.
e) Imóveis rurais de mais de 15 módulos fiscais improdutivos.

19. Assinale a assertiva correta.

a) O recurso de apelação interposto pelo expropriado, no processo de desapropriação, contra a sentença que fixa o preço da indenização, tem efeito suspensivo e devolutivo.
b) É lícito, a qualquer momento, o expropriante desistir, mesmo após a incorporação do bem ao seu patrimônio, em razão da cessação da utilidade pública ou do interesse social, da desapropriação.
c) Não são cumuláveis, na sentença que fixa o preço da indenização, em razão da natureza peculiar do processo de desapropriação, onde há prevalência do interesse público, juros compensatórios e moratórios.
d) A declaração expropriatória feita mediante decreto do Executivo autoriza, independentemente do depósito provisório, a autoridade expropriante a penetrar nos prédios.
e) Desapropriação indireta é sinônimo de ocupação temporária.

20. Sobre a desapropriação de bens públicos, é correto afirmar:

a) A União pode desapropriar bens do domínio do Distrito Federal.
b) Um Município pode desapropriar bens do domínio do Estado.
c) Um Estado pode desapropriar bens do domínio de uma autarquia federal.
d) Nenhuma das respostas está correta.
e) Todas as respostas estão corretas.

21. Uma das etapas da desapropriação consiste na edição da declaração expropriatória, ato onde o poder público manifesta o seu propósito de desapropriar determinado bem. Assinale a alternativa que não reflete um dos efeitos da declaração expropriatória:

a) Fixa o início do prazo para a caducidade do ato.
b) Fixa o estado do bem a ser desapropriado para efeito de indenização, pois, a partir desta fase, somente serão indenizadas as benfeitorias necessárias e as benfeitorias úteis autorizadas.
c) Autoriza, a partir da sua edição, e em razão da inexistência de acordo com o expropriado, a propositura da ação de desapropriação.
d) Fixa o início da incidência dos juros compensatórios.
e) Permite ao poder público, por seus agentes, penetrar no prédio objeto da desapropriação.

22. Assinale a alternativa que contém a afirmação correta:

a) Mediante declaração de utilidade pública, os bens poderão ser desapropriados apenas pelos Estados e pelos Municípios, reservando-se à União a competência privativa para desapropriar por interesse social.
b) A desapropriação por utilidade pública deverá efetivar-se mediante acordo ou intentar-se judicialmente dentro de cinco anos, contados da data da expedição do respectivo decreto expropriatório e findos os quais este caducará.
c) A imissão provisória na posse é um dos efeitos do decreto expropriatório, dispensada a ordem judicial, eis que se trata de medida auto-executória.

d) Prescreve em dez anos a ação para haver indenização, por responsabilidade civil, de sociedade de economia mista.

e) O decreto expropriatório, tanto por interesse social quanto por utilidade pública, caducará em dois anos, contados da data de sua publicação, por força da lei complementar que disciplinou o rito sumário da desapropriação para fins de reforma agrária.

23. **A desapropriação é a mais drástica forma de intervenção do estado na propriedade privada. Assinale, sobre o tema, a alternativa incorreta:**

a) A propriedade rural produtiva não pode ser desapropriada para fins de reforma agrária.

b) A Constituição Federal estabelece exceção prevendo que a indenização na desapropriação para fins de reforma agrária da propriedade improdutiva não será feita em dinheiro, mas em títulos da dívida agrária.

c) Os concessionários de serviços públicos e os estabelecimentos de caráter público ou que exerçam funções delegadas de poder público poderão promover desapropriação, independentemente de autorização expressa, constante de lei ou contrato.

d) Compete à União legislar sobre desapropriação.

e) O bem público do Estado pode ser desapropriado pela União.

24. **Nos termos da lei n° 8.987/95, a declaração de utilidade pública, para fins de desapropriação ou instituição de servidão administrativa, dos bens necessários à execução de serviço ou obra pública necessárias é de competência:**

a) Do poder concedente.
b) Da concessionária.
c) Da permissionária.
d) Da autorizatária.
e) Do poder concedente, da concessionária ou da permissionária.

25. **Assinale a alternativa que contem a afirmação incorreta:**

a) Do instituto da desapropriação resulta, ao mesmo tempo, a aquisição originária e a transferência coativa da propriedade.

b) É permitida a desapropriação de bens públicos desde que respeitada a hierarquia constitucional das pessoas jurídicas de direito público interno.

c) Os direitos personalíssimos não podem ser objeto de desapropriação.

d) A desapropriação para fins de reforma agrária é de competência da União, mediante prévia e justa indenização em títulos da dívida agrária.

e) Nas desapropriações por interesse social, as benfeitorias úteis e necessárias serão indenizadas em títulos da dívida agrária.

26. **Assinale a afirmação correta:**

A desapropriação, por motivo de utilidade pública:
a) Só pode ser decretada pela União.
b) Deve ser precedida de justa indenização em dinheiro.
c) Destina-se à implantação da reforma agrária.
d) Deve ser paga, até 50%, em títulos da dívida pública.
e) Só pode recair em propriedade rural.

27. **Quando se fala sobre o tema desapropriação é possível se afirmar corretamente:**

a) O recurso de apelação interposto pelo expropriando no processo de desapropriação tem efeito suspensivo e devolutivo.

b) O expropriante não pode desistir da desapropriação em razão da cessação da utilidade pública, da necessidade pública ou do interesse social.

c) Não são cumuláveis, na sentença que fixa o preço da indenização, em razão da natureza peculiar do processo de desapropriação, onde há prevalência do interesse público, juros compensatórios e moratórios.
d) A declaração expropriatória feita mediante decreto do Executivo não autoriza, independentemente do depósito provisório, a autoridade expropriante a penetrar no prédio.
e) Todas as assertivas estão erradas.

28. Quando o tema é tombamento, é possível se afirmar corretamente:

a) O tombamento caracteriza-se como servidão pública.
b) As coisas tombadas permanecem na posse de seus anteriores proprietários, que, no entanto, perdem o domínio sobre o bem tombado.
c) O tombamento, como limitação administrativa, acarreta, sempre, uma indenização a ser paga ao proprietário do bem tombado.
d) O tombamento se realiza através de um procedimento administrativo vinculado, respeitando, necessariamente, o devido processo legal.

29. A desapropriação por interesse social para fins de reforma agrária incide sobre:

a) Qualquer imóvel rural que não cumpra a função social.
b) Qualquer imóvel de área superior a 15 módulos fiscais.
c) Imóveis rurais de mais de 15 módulos fiscais improdutivos.
d) Imóveis entre 4 e 15 módulos fiscais.
e) Imóveis improdutivos.

30. Assinale a assertiva correta.

Na desapropriação:
a) Considera-se de necessidade pública o aproveitamento industrial de minas.
b) A imissão provisória na posse só poderá efetuar-se através de ação cautelar.
c) Considera-se caso de utilidade pública a salubridade pública.
d) A desapropriação de bens privados depende de autorização legislativa específica.
e) Ao Poder Judiciário é permitido decidir se ocorrem ou não os casos de utilidade pública.

31. A desapropriação é tema de grande relevância no direito administrativo. Assim, assinale a assertiva errada:

a) No seu valor não ficam sub-rogados quaisquer ônus ou direitos reais que gravem o bem expropriado.
b) A indenização das benfeitorias úteis e necessárias na desapropriação por interesse social para fins de reforma agrária é em dinheiro.
c) A desapropriação de imóveis urbanos será feita com prévia e justa indenização em dinheiro.
d) Uma vez caducado o decreto de desapropriação, em cinco anos, somente um ano depois é possível edital novo ato expropriatório.

32. Assinale a afirmação correta.

A desapropriação por interesse social (Lei complementar n° 76/93):
a) É a intervenção estatal no domínio privado própria para a reforma agrária.
b) Deve ser ajuizada na comarca de situação do imóvel.
c) Pode ser utilizada pelo estado-membro para assentamento de seus sem-terras.
d) Sempre comporta reexame necessário.
e) Deve respeitar os requisitos constitucionais da indenização prévia, justa e em dinheiro.

33. Assinale a alternativa que contém a afirmação correta.

a) Os juros compensatórios, na desapropriação direta, incidem a partir do trânsito em julgado da sentença e são calculados sobre o valor da indenização corrigido monetariamente.

b) Os juros compensatórios não podem ser imposto, para efeitos de indenização, nas desapropriações por interesse social para fins de reforma agrária.
c) A instituição de servidão administrativa independe de processo judicial.
d) Os bens expropriados, ainda quando incorporados à Fazenda Pública, podem ser objeto de reivindicação, desde que haja nulidade do processo de desapropriação.
e) O expropriante, desde a declaração de interesse social, pode promover a vistoria e a avaliação do imóvel.

34. Assinale a assertiva correta.

A desapropriação:
a) Por interesse social, presentes seus relevantes fundamentos, é prerrogativa da União, dos estado e dos Municípios.
b) É antecedida por declaração de utilidade, necessidade pública ou interesse social, mediante decreto do presidente da República, Governado do Estado ou Prefeito Municipal, respectivamente, e conforme for a hipótese legal.
c) Sempre será mediante justa e prévia indenização em dinheiro, consoante preceito constitucional.
d) Poderá ser objeto de contestação no que se refere ao seu mérito, presente o princípio do "direito de propriedade" embutido na Constituição Federal.
e) Comporta justa e prévia indenização e para tal contam-se juros de mora e a correção monetária, excluídos os juros compensatórios, pelo princípio da não-cumulação dos encargos.

35. Assinale a alternativa que contém a afirmação correta:

a) Na desapropriação por utilidade pública, não ficam sub-rogados no preço quaisquer ônus ou direitos que recaiam sobre o bem expropriado.
b) Ainda quando fundada em nulidade do processo de desapropriação os bens expropriados, uma vez incorporados à Fazenda Pública, não podem ser objeto de reivindicação.
c) O expropriante tem o prazo de 10 anos, a partir da decretação da desapropriação por interesse social, para efetivar a aludida desapropriação e iniciar as providências de aproveitamento do bem expropriado.
d) A ação de desapropriação, proposta pelo órgão estadual executor da reforma agrária, será processada e julgada pelo juiz estadual competente, inclusive durante as férias forenses.
e) Declarado o interesse social, para fins de reforma agrária, não resulta ainda o expropriante legitimado a promover a vistoria e avaliação do imóvel, devendo aguardar a efetivação da imissão na posse, por ordem judicial.

36. Assinale a alternativa que contém a afirmação correta:

a) A servidão administrativa é um ônus real de uso imposto pelos particulares sobre a propriedade pública, tendo em vista uma finalidade administrativa.
b) A servidão administrativa se extingue pelo não-uso, durante 15 anos contínuos.
c) A instituição de servidão administrativa decorre da própria lei, de acordo ou, ainda, de sentença judicial.
d) Os bens pertencentes às autarquias, além de penhoráveis, são prescritíveis.
e) As modalidades de licitação são a concorrência, a tomada de preços, o convite, o leilão e o pregão.

37. Na desapropriação, sobre os juros compensatórios, é correto afirmar que:

a) São devidos somente quando houver valorização da área remanescente.

b) São devidos para cobrir a renda do dinheiro não pago no devido tempo e serão computados à base de 6% ao ano.
c) São devidos, na desapropriação direta, desde a antecipada imissão na posse e, na desapropriação indireta, a partir da efetiva ocupação do bem pelo poder público.
d) São devidos desde o trânsito em julgado da sentença expropriatória e são computados à base de 12% ao ano.
e) São devidos desde que haja mora no pagamento da indenização por depreciação do bem desapropriado.

38. **O Município de São Joaquim Português, com o objetivo de ali construir escolas profissionalizante rural, e sem outras formalidades, declarou de utilidade pública para fins de desapropriação a parte situada em seu território de álveo abandonado de um rio navegável que banha os municípios de São Joaquim Português e de Itá Bom do Sul, respectivamente nos estados do Rio Grande do Sul e de Santa Catarina, e cuja corrente, havia sido desviada pelos mencionados estados-membros em decorrência de convênio entre ambos celebrado para construção de usina hidrelétrica. Com base nestes dados, pode-se afirmar que o decreto desapropriatório é:**

a) Ilegal, porque não se inclui na competência do município a prestação do serviço para que se deu a declaração de utilidade pública.
b) Ilegal, porque o bem expropriado é insuscetível de desapropriação.
c) ilegal, por falta de autorização legislativa municipal.
d) Legal e constitucional.
e) Legal por atender do plano energético do estado.

39. **Assinale a resposta correta.**

A desapropriação :
a) Só pode ser feita em favor das pessoas de direito público.
b) Pode ser feita em favor de quaisquer pessoas de direito público ou de todas as pessoas de direito privado.
c) Pode ser feito em favor das pessoas de direito público ou de pessoas de direito provado delegadas ou concessionárias de serviço público.
d) Só pode ter como objeto bem imóvel.
e) Pode ter como objeto bens personalíssimos.

40. **Assinale a alternativa que contém a afirmação correta:**

a) A rescisão constitui hipótese de extinção do contrato administrativo reservada exclusivamente à iniciativa da Administração Pública ou do contratado.
b) O pagamento da indenização na desapropriação de imóveis urbanos será sempre em títulos da dívida pública com prazo de resgate de até dez anos.
c) As disposições da lei de licitações não se aplicam, no que couber, aos convênios celebrados por entidades ou órgãos públicos.
d) A intervenção é a retomada do serviço pelo órgão concedente, durante o prazo da concessão, por motivo de interesse público, mediante lei autorizativa específica a após prévio pagamento da indenização.
e) Os bens imóveis da Administração Pública, cuja aquisição haja derivado de dação em pagamento, só poderão ser alienados através de procedimento licitatório na modalidade de concorrência.

41. **Assinale a alternativa que contém a afirmação incorreta:**

a) A fiscalização financeira de entidade da administração indireta da União será exercida, mediante controle externo, pelo Congresso Nacional.

b) A desapropriação por interesse social, para fins de reforma agrária, é de competência privativa da União Federal.
c) Na desapropriação para fins de reforma agrária, as benfeitorias úteis e necessárias serão indenizadas em títulos da dívida agrária, resgatáveis no prazo de até 20 anos.
d) Os mares, ruas e praças são exemplo de bens de uso comum do povo.
e) Os imóveis públicos municipais não são adquiríveis por usucapião.

42. Assinale a assertiva correta.

Na desapropriação:
a) A autoridade administrativa emite ato vinculado.
b) Por interesse social, para fins de reforma agrária, é de competência municipal.
c) Qualquer seja ela, a indenização será sempre prévia, justa e em dinheiro.
d) Não é exigível o devido processo legal em respeito ao poder discricionário da administração.
e) todas as respostas estão erradas.

43. Assinale a alternativa que contém a afirmação correta:

a) A servidão administrativa e a desapropriação têm em comum a peculiaridade de que ambas acarretam o dever de indenizar a totalidade do valor do imóvel.
b) O poder discricionário é aquele que a Administração Pública fica vinculada à lei.
c) A ação de desapropriação por interesse social para fins de reforma agrária deverá ser proposta dentro do prazo de 2 (dois) anos, contado da publicação do decreto declaratório.
d) A desapropriação indireta é a designação dada ao regular procedimento jurídico de despojamento do imóvel particular pelo poder público com sua conseqüente e coativa integração no patrimônio público.
e) Desapropriação e requisição têm em comum a peculiaridade de que ambas reclamam indenização justa cujo pagamento deverá ser efetuado no prazo de 5 (cinco) anos.

44. É sabido que a desapropriação é uma das formas de intervenção do estado na propriedade privada. Diante disso, e tomando-se por base o decreto-lei n° 3.365/41, é correto a firmar-se:

a) Da sentença que fixar o preço da indenização caberá apelação nos efeitos suspensivo e devolutivo, quando interposta pelo expropriado.
b) A União, por se tratar de pessoa jurídica pública superior, pode desapropriar bens do Estado, independentemente de autorização legislativa.
c) No âmbito do Município, o prefeito municipal é a autoridade competente para desapropriar, por decreto, bens de particulares.
d) A sentença que condenar a Fazenda Pública em processo desapropriatório, qualquer que seja o valor, fica sujeita ao duplo grau de jurisdição.
e) O bem hipotecado, por se tratar de garantia real, não pode ser objeto de desapropriação.

45. Assinale a resposta correta:

a) Compete à União e aos Estados desapropriar por interesse social para fins de reforma agrária.
b) Na desapropriação por interesse social para fins de reforma agrária as benfeitorias úteis e necessárias serão indenizadas em TDAs (títulos da dívida agrária), já que a terra nua será indenizada em dinheiro.
c) Somente a grande propriedade improdutiva será objeto da desapropriação por interesse social para fins de reforma agrária.
d) Um dos requisitos para que a propriedade agrária cumpra sua função social é que ela seja aproveitada conforme o interesse do proprietário.
e) O decreto que declarar o imóvel como de interesse social, para fins de reforma agrária, autoriza a União e os Estados a se imitirem na posse do bem.

46. Assinale a resposta correta.

A desapropriação por interesse social:
a) É típica limitação estatal no domínio privado.
b) Deve ser ajuizada na vara federal de situação do imóvel;
c) Pode ser utilizada pelo estado-membro para assentamento de seus sem terras.
d) Sempre comporta reexame necessário.
e) Deve respeitar os requisitos constitucionais da indenização prévia, justa e em dinheiro.

47. Quando o tema é restrição ao direito de propriedade na modalidade de desapropriação indireta, é correto afirmar-se.

a) Por decorrer do domínio eminente do estado sobre o direito de propriedade individual não cabe indenização nessa modalidade desapropriatória.
b) Tem no decreto desapropriatório sua forma de exteriorização.
c) É possível a imissão de posse preliminar sem a necessidade de depósito prévio.
d) Por caracterizar esbulho administrativo cabe ação de reintegração de posse antes do ano e dia
e) Como ato discricionário do estado não sofre controle jurisdicional.

48. Observe as seguintes assertivas.

I – Os concessionários de serviços públicos e os estabelecimentos de caráter público ou que exerçam funções delegadas do poder público poderão promover desapropriações mediante autorização expressa, constante de lei ou contrato.
II – A intervenção estatal para construção de edifício público é caso de desapropriação por utilidade pública.
III – Ao imóvel desapropriado para a implantação de parcelamento popular, destinado às classes de menor renda, não se dará utilização nem haverá retrocessão.
Qual a resposta correta?
a) Apenas a I e a II.
b) Apenas a I e a III.
c) Apenas a II e a III.
d) Apenas a I.
e) Todas estão corretas.

49. Assinale a assertiva correta.

No processo desapropriatório;
a) A imissão de posse deverá ser concedida independentemente de requerimento do poder expropiante ante o interesse público.
b) A imissão de posse deverá ser deferida independentemente de depósito prévio.
c) A contestação só poderá versar sobre vício do processo judicial ou impugnação do prelo; qualquer outra questão deverá ser decidida por ação direta.
d) Da sentença desapropriatória cabe sempre apelação em duplo efeito.
e) Nenhuma das assertivas está correta.

50. Observa as seguintes assertivas:

I – O imóvel rural pode ser desapropriado pelo Município para construção de uma escola.
II – Somente a União pode desapropriar o imóvel rural com mais de 15 módulos fiscais e improdutivos para fins de reforma agrária.
III – Os entes públicos podem desapropriar imóveis uns dos outros.
Diante disso, assinale a resposta correta:
a) Apenas a I assertiva está correta.
b) Apenas a II assertiva está correta.

c) Apenas a III assertiva está correta.
d) Apenas a I e a II assertivas estão corretas
e) Todas estão corretas.

9 – Responsabilidade civil do Estado

1. Assinale a assertiva correta.
Um veículo oficial colide com um veículo particular. O dono do veículo particular poderá ser indenizado?
a) Sim, sempre, pela responsabilidade objetiva do Estado.
b) Sim, se comprovar a culpa do motorista do veículo oficial.
c) Só se o motorista do veículo oficial não estiver a serviço
d) Não, porque o veículo oficial estava a serviço.

2. Assinale a assertiva correta.
Empresa concessionária, prestadora de serviço público, causa danos a particulares. Configura-se sua responsabilidade objetiva desde que:
a) A prestação do serviço seja a causa única do dano.
b) O dano tenha ocorrido por omissão na prestação do serviço e a vítima não tenha culpa concorrente.
c) O agente do concessionário, causador do dano, tenha agido com culpa.
d) O poder público concedente não seja responsabilizado solidariamente.

3. Assinale a resposta correta.
A responsabilidade civil do Estado, pelos danos causados por seus agentes a terceiros, é hoje tida por ser
a) Subjetiva passível de regresso.
b) Objetiva insusceptível de regresso.
c) Objetiva passível de regresso.
d) subjetiva insusceptível de regresso.
e) Dependente de culpa do agente.

4. Assinale a assertiva correta:
Quanto aos danos que os agentes das pessoas jurídicas de direito público causarem a terceiros, a Constituição Federal:
a) Adotou a teoria do risco integral.
b) Adotou a teoria subjetiva da culpa.
c) Adotou o princípio objetivo da responsabilidade sem culpa.
d) Desobrigou a União, os Estados e os Municípios de indenizar o dano causado a terceiros.
e) Assegurou à União, aos Estados e aos Municípios o direito de regresso contra o responsável somente nos casos de dolo.

5. Assinale a resposta correta.
Sobre a responsabilidade civil da Administração é correto afirmar:
a) Desde que a vítima demonstre o nexo de causalidade entre uma conduta administrativa e o dano, a Administração está obrigada a indenizar, ainda que o evento tenha decorrido de culpa exclusiva do lesado.
b) Para obter indenização, basta ao lesado indigitar o nexo de causalidade entre a conduta administrativa e o prejuízo, podendo o Poder Público, para atenuar ou excluir a responsabilidade, demonstrar culpa concorrente ou exclusiva da vítima.

c) O Estado somente estará obrigado a reparar o dano se o lesado lograr demonstrar que o agente público agiu com culpa.
d) Nenhuma alternativa é correta.

6. Assinale a resposta certa.

A teoria da responsabilidade civil do Estado:
a) Tem na sua história esta ordem cronológica, irresponsabilidade, responsabilidade integral, responsabilidade sem culpa.
b) Se concretiza através da ação de retrocessão.
c) É restrita às pessoas jurídicas de direito público.
d) Dispensa, de qualquer forma, a análise de culpa na sua aferição.
e) Assegura o direito de regresso.

7. Assinale a assertiva correta.

A responsabilidade civil do Estado:
a) Dispensa de qualquer forma, a análise de culpa na sua aferição, mesmo que haja concorrência culposa do terceiro.
b) Assegura o direito de regresso.
c) É restrita às pessoas jurídicas de direito público.
d) Tem na sua história esta ordem cronológica: irresponsabilidade, responsabilidade integral, responsabilidade com culpa e responsabilidade sem culpa.
e) Se concretiza através da ação de retrocessão.

8. Assinale a resposta correta.

Para efeito de responsabilidade patrimonial objetiva, por dano causado a terceiro, o empregado de pessoa jurídica de direito privado, prestadora de serviço público:
a) É considerado agente.
b) Não é considerado agente.
c) É considerado órgão.
d) Não é considerado órgão.
e) Não responde regressivamente.

9. Viatura oficial, dirigida por servidor público, envolve-se em acidente de trânsito, provocando danos materiais em veículo particular.

Desse fato decorrerá:
a) A responsabilidade civil da Administração Pública, independentemente de haver agido com culpa o condutor do automóvel particular.
b) O direito de ação do particular contra o próprio servidor público, diretamente, estando dispensado de comprovar a sua culpa, face à responsabilidade objetiva.
c) A responsabilidade solidária entre a Administração Pública e seu servidor, consoante expressa regra constitucional.
d) O direito de regresso da Administração Pública, caso condenada a ressarcir o particular, sendo desnecessário comprovar o servidor haver agido com dolo ou culpa.
e) A exclusão de responsabilidade civil da Administração Pública, caso comprovada a culpa exclusiva do condutor particular.

10. Sobre a responsabilidade civil da Administração Pública é correto afirmar:

a) Desde que a vítima demonstre o nexo de causalidade entre uma conduta administrativa e o dano, a Administração está obrigada a indenizar, ainda que o evento tenha decorrido de culpa exclusiva do lesado.
b) Para obter indenização, basta ao lesado indigitar o nexo de causalidade entre a conduta administrativa e o prejuízo, podendo o Poder Público, para atenuar ou excluir a responsabilidade, demonstrar culpa concorrente ou exclusiva da vítima.

c) O Estado somente estará obrigado a reparar o dano se o lesado demonstrar que o agente público agiu com culpa.
d) Nenhuma alternativa é correta.

11. A evolução histórica da teoria da responsabilidade civil do estado tem a seguinte seqüência:

a) Responsabilidade sem culpa, responsabilidade com culpa, responsabilidade integral e irresponsabilidade.
b) Responsabilidade com culpa, irresponsabilidade, responsabilidade sem culpa e responsabilidade integral.
c) Irresponsabilidade, responsabilidade sem culpa, responsabilidade com culpa e responsabilidade integral.
d) Irresponsabilidade integral, responsabilidade sem culpa, responsabilidade com culpa e irresponsabilidade.
e) Irresponsabilidade, responsabilidade com culpa, responsabilidade sem culpa e responsabilidade integral.

12. Assinale a alternativa que contém a afirmação correta:

a) A responsabilidade civil ou extracontratual das pessoas jurídicas de direito privado prestadoras de serviço público pelos danos que seus agentes, nessa qualidade, causarem a terceiros, é objetiva.
b) A responsabilidade civil ou extracontratual dos agentes públicos que, nessa qualidade, praticarem danos contra terceiros, é objetiva.
c) O direito de regresso contra o agente público causador direto dos danos a terceiros, estará assegurado às pessoas jurídicas de direito público apenas nos casos de dolo.
d) Durante o período do estágio probatório, o servidor público não poderá ser exonerado.
e) A demissão do servidor público não é uma penalidade disciplinar, mas um ato discricionário praticado por conveniência ou oportunidade da Administração Pública.

13. Com relação ao atual tratamento constitucional da responsabilidade patrimonial do Estado, é correto afirmar que:

a) A responsabilidade patrimonial do Estado, pelos prejuízos causados por seus agentes é subjetiva, condicionada à demonstração de culpa ou dolo.
b) A demonstração da existência de culpa concorrente da vítima sempre exclui a responsabilidade do Estado por danos decorrentes de sua atuação.
c) O Estado, ao ser demandado, para exercer o direito de regresso, previsto na Constituição Federal, deve demonstrar a culpa ou dolo do agente público causador do dano.
d) As regras do art. 37, §6°, da Constituição Federal, somente serão aplicáveis para as pessoas jurídicas de direito público.
e) O Estado não é responsável por erro judiciário.

14. A responsabilidade civil da Administração Pública, disciplinada pela Constituição Federal, em seu art. 37, § 6°, passou por diversas etapas até chagar ao seu estágio atual de evolução. De uma fase inicial em que o Estado não respondia pelos prejuízos causados aos particulares, a responsabilidade civil da Administração Pública obedece atualmente a regras especiais de direito público. A respeito desse tema, julgue os itens a seguir:

a) Vigora no Brasil, como regra, a teoria do risco integral da responsabilidade civil.
b) Quando demandado regressivamente, o agente causador do prejuízo responderá de forma objetiva perante a Administração Pública.

c) Em face de prejuízos causados a particulares, as empresas privadas prestadoras de serviços públicos submetem-se às mesmas regras de responsabilidade civil aplicáveis aos entes públicos.
d) Será subjetiva a responsabilidade civil do Estado por acidentes nucleares.
e) Ainda que se comprove o erro judiciário, o Estado não estará obrigado a indenizar o condenado, haja vista a sentença judicial não possuir natureza de ato administrativo.

15. A responsabilidade civil do Estado por atos de seus agentes é tema tranqüilo no direito administrativo. Diante disso verifique as seguintes assertivas:

I – O Estado somente estará obrigado a reparar o dano se o lesado lograr demonstrar que o agente público agiu com culpa.
II – O empregado de pessoa jurídica de direito privado, prestadora de serviço público, para efeito de responsabilidade perante terceiro, é considerado agente público.
III – Para obter indenização, basta ao lesado indigitar o nexo de causalidade entre a conduta administrativa e o prejuízo, podendo o Poder Público, para atenuar ou excluir a responsabilidade, demonstrar a culpa concorrente ou exclusiva da vítima.
Qual a resposta errada?
a) Apenas a I.
b) Apenas a II.
c) Apenas a III.
d) Apenas a II e a III.
e) Nenhuma assertiva está erra

10 – Improbidade Administrativa

1. Assinale a resposta correta.

No tocante à improbidade administrativa:
a) A ação principal de improbidade, proposta pelo Ministério Público, dentro de trinta dias da efetivação da medida cautelar, terá o rito ordinário.
b) A ação principal de improbidade, proposta pelo agente público, dentro de trinta dias da efetivação da medida cautelar, terá o rito sumário.
c) A ação principal de improbidade, proposta pelo Ministério Público, dentro de quinze dias de efetivação da medida cautelar, terá o rito ordinário.
d) A ação principal de improbidade, proposta pelo ente autárquico, dentro de quinze dias da efetivação da medida cautelar, terá o rito ordinário.
e) A ação principal de improbidade, proposta pelo Ministério Público, dentro de quinze dias da efetivação da medida cautelar, terá o rito sumário.

2. Assinale a assertiva correta.

No tocante à improbidade administrativa:
a) Apenas o Ministério Público poderá representar à autoridade administrativa para a apuração de ato de improbidade.
b) A rejeição da representação pela autoridade administrativa impede que seja novamente formulada diretamente ao Ministério Público.
c) O Ministério Público, na ação civil de reparação de danos causados ao erário, se não intervier no processo como parte, atuará, obrigatoriamente, como fiscal da lei.
d) Não pratica crime quem oferece representação por ato de improbidade administrativa contra agente público, sabendo-o inocente.

e) A autoridade administrativa não precisa apresentar motivação para a rejeição da representação.

3. Assinale a alternativa incorreta:
a) Somente pode ser classificado como ato de improbidade administrativa, a ação ou omissão dolosa que enseje perda patrimonial da União, Estados e Municípios, bem como de suas entidades autárquicas e fundacionais.
b) Constitui ato de improbidade administrativa a ação do agente que permite que pessoa jurídica privada utilize bens do Estado, sem a observância das formalidades legais ou regulamentares aplicáveis à espécie.
c) Constitui ato de improbidade administrativa do agente, o retardamento, indevido, de ato de ofício.
d) A suspensão de direitos políticos é penalidade cominada a todas as formas de improbidade administrativa.
e) Tanto a autoridade administrativa como a judicial, poderá determinar o afastamento do agente público do exercício do cargo, emprego ou função, sem prejuízo da remuneração, quando a medida se fizer necessária à instrução do processo.

4. Quando uma autoridade administrativa exerce a sua competência para alcançar um fim diverso de interesse público, com vulneração do princípio constitucional da impessoalidade, estará configurando a hipótese de:
a) Incompetência.
b) Desvio de finalidade.
c) Inexistência de motivos.
d) Poder discricionário.
e) Vício de forma.

5. A improbidade administrativa é tema de grande repercussão na Administração Pública. Diante disso verifique estas assertivas:
I – A ação principal de improbidade, proposta pelo Ministério Público, dentro de 10 dias da efetivação da medida cautela, terá o rito ordinário.
II – A suspensão de direitos políticos é penalidade cominada a todas as formas de improbidade administrativa.
III – Somente pode ser classificado como ato de improbidade administrativa, a ação ou omissão dolosa que enseje perde patrimonial da União, Estados e Municípios, bem como de suas entidades autárquicas ou fundacionais.
Qual a resposta correta?
a) Apenas a I.
b) Apenas a II.
c) Apenas a III.
d) Apenas a II e a III.
e) Todas as assertivas estão corretas.

11 – Serviços públicos

1. O regime de concessão e permissão da prestação de serviços públicos é previsto na lei nº 8.987/95. Diante disso, observe as seguintes assertivas:
I – Incumbe ao poder concedente, dentre outros encargos, zelar pela boa qualidade do serviço, receber, apurar e solucionar queixas e reclamações dos usuários, que serão cientificadas, em até 30 dias, das providências tomadas.

II – Incumbe à concessionária, dentre outros encargos, promover as desapropriações e constituir servidões autorizadas pelo poder concedente, conforme previsto no edital e no contrato.
III – Considera-se encampação a retomada do serviço pelo poder concedente durante o prazo da concessão, por motivo de interesse público, mediante lei autorizativa específica e após prévio pagamento da indenização das parcelas dos investimentos a bens reversíveis, ainda não amortizados ou depreciados, que tenham sido realizados com o objetivo de garantir a continuidade a atualidade do serviço.
Qual a resposta correta?
a) Apenas a I.
b) Apenas a II.
c) Apenas a III.
c) Apenas a I e a II.
e) Todas estão corretas.

2. Considere as seguintes afirmações:

I – Com a extinção da concessão de serviço público, ao advento do termo contratual, o poder concedente assume imediatamente o serviço e a posse dos bens vinculados a sua prestação.
II – Permissão de serviço público é a delegação, a título precário, mediante licitação, da prestação de serviços públicos, feita pelo poder concedente à pessoa física ou jurídica que demonstre capacidade para o seu desempenho, por sua conta e risco.
III – As concessionárias e permissionárias de serviços públicos têm responsabilidade patrimonial de natureza objetiva, pelos danos causados aos administrados.
Quais estão corretas?
a) Apenas a I e a II.
b) Apenas a I e a III.
c) Apenas a II e a III.
d) Apenas a III.
e) I, II e III.

3. Assinale a resposta correta.

O serviço de utilidade pública:
a) Pode ser delegado a particular mediante contrato de concessão antecedido de licitação e via contrato de adesão independentemente de prévia licitação.
b) Somente pode ser prestado diretamente pelo Estado ou indiretamente por pessoa jurídica de direito público.
c) Não pode ser delegado às empresas estatais mediante licitação.
d) Não constitui *res extra commercium*, podendo ser prestado pelos particulares independentemente de delegação.
e) Pode ser prestado indiretamente pelas autarquias ou por particulares mediante delegação antecedida de licitação.

4. Considere as seguintes afirmações:

I – Com a extinção da concessão de serviço público, ao advento do termo contratual, o poder concedente somente assume o serviço e a posse dos bens vinculados a sua prestação depois de efetivada a indenização.
II – Concessão de serviço público é a delegação, a título precário, mediante licitação, da prestação de serviços públicos, feita pelo poder concedente à pessoa física ou jurídica que demonstre capacidade para o seu desempenho, por sua conta e risco.

III – As concessionárias e permissionárias de serviços públicos têm responsabilidade patrimonial de natureza objetiva, pelos danos causados aos administrados.
Quais estão corretas?
a) Apenas a I e a II.
b) Apenas a I e a III.
c) Apenas a II e a III.
d) Apenas a III.
e) I, II e III.

5. Assinale a alternativa que contém a afirmação correta:

a) A caducidade constitui em hipótese de extinção do contrato de concessão de serviço público por inexecução total ou parcial do contrato pelo concessionário.
b) O poder concedente depende de específica lei autorizativa para poder intervir na concessão de serviço público.
c) A criação de subsidiárias de sociedade de economia mista não depende, em cada caso, de autorização legislativa.
d) A vedação constitucional de acumulação remunerada de cargos não abrange as sociedades de economia mista.
e) O prazo de validade dos concursos públicos será de até três anos, prorrogável uma vez, por outro igual período.

6. Considerando as afirmações referentes aos serviços públicos:

I – serviços concedidos – são aqueles que a pessoa jurídica ou consórcio de empresas executa, por sua conta e risco, remunerado por tarifa, mediante delegação contratual do poder público concedente, após prévia licitação na modalidade de concorrência.
II – Serviços adequados – são aqueles em que a administração estabelece os requisitos para sua prestação ao público, e, por ato unilateral, comete a execução aos particulares que demonstrarem capacidade para seu desempenho.
III – Serviços permitidos – são aqueles em que o poder público, por ato unilateral, precário e discricionário, consente na sua execução por particular, para atender interesses coletivos instáveis ou emergência transitória.
Quais as corretas?
a) Apenas a I.
b) Apenas a I e a III.
c) Apenas a II e a III.
d) Apenas a I e a II.
e) I, II e a III.

7. Assinale a resposta correta.

São princípios do regime de concessão e de permissão de serviços públicos a empresas particulares, exceto:
a) O caráter especial de seu contrato e de sua prorrogação.
b) As condições de caducidade, fiscalização e rescisão.
c) A obrigação de manter o serviço adequado.
d) A política tarifária.
e) A remuneração do serviço através de taxas.

8. Nos termos da lei nº 8.987/95 não está previsto, como caso de extinção do contrato de concessão:

a) O advento do termo contratual.
b) A encampação.

DIREITO ADMINISTRATIVO – CONCURSO PÚBLICO **169**

c) A concordada preventiva.
d) A caducidade.
e) A anulação.

9. **A Constituição Federal, em seu art. 175, atribui ao poder público a prestação de serviços públicos, permitindo, no entanto a delegação de sua execução. Assinale a alternativa incorreta:**

a) A concessão de serviços públicos é modalidade contratual em que se delega a prestação de serviços públicos para pessoa jurídica ou consórcio de empresas, escolhida mediante procedimento licitatório na modalidade de concorrência.
b) A permissão de serviço público é a modalidade de delegação formalizada em contrato precário, com pessoa física ou jurídica escolhida mediante licitação.
c) A concessão de serviço público precedida de obra pública será formalizada com pessoa jurídica ou consórcio de pessoas jurídicas, escolhidas mediante procedimento licitatório, na modalidade de concorrência.
d) A autorização de serviço público, de natureza contratual, será formalizada com pessoa física ou jurídica escolhida por licitação.
e) A retomada do serviço público delegado, no curso da delegação, por razões de interesse público, denomina-se encampação, hoje condicionada à autorização legislativa e à prévia indenização.

10. **Assinale a resposta incorreta.**

São cláusulas essenciais do contrato de concessão de serviço público:
a) O modo, a forma e as condições de prestação do serviço.
b) A possibilidade de alteração contratual da taxa.
c) Os casos de extinção da concessão.
d) As condições para prorrogação do contrato.
e) O foro e o modo amigável de solução das divergências contratuais.

11. **Considere as seguintes afirmações:**

I – Permissão de serviço público é a delegação de sua prestação, feita pelo poder concedente, mediante licitação, na modalidade de concorrência, à pessoa jurídica ou consórcio de empresas que demonstre capacidade para seu desempenho, por sua conta e risco e por prazo determinado.
II – Serviço adequado é o que satisfaz as condições de regularidade, continuidade, eficiência, segurança, atualidade, generalidade, cortesia na sua prestação e modicidade das tarifas.
III – Os contratos celebrados entre a concessionário e os terceiros a que se refere o parágrafo anterior reger-se-ão pelo direito público, já que se estabelece relação jurídica entre os terceiros e o poder concedente.

Quais são as corretas?

a) Apenas a I.
b) Apenas a I e a II.
c) Apenas a I e a III.
d) Apenas a II e a III.
e) I, II e III.

12. **Assinale a resposta correta:**

a) Nos termos da lei nº 8.987/95 incumbe à concessionária de serviços públicos a execução do serviço concedido, cabendo-lhe responder por todos os prejuízos causados apenas aos usuários.

b) A sub-concessão não é instituto admitido pela lei n° 8.987/95.
c) Considera-se rescisão a retomada do serviço pelo poder concedente durante o prazo da concessão, por motivo de interesse público, mediante lei autorizativa específica e após prévio pagamento da indenização.
d) As concessões e permissões sujeitar-se-ão à fiscalização pelo poder concedente responsável pela delegação, com a cooperação dos usuários.
e) Todas as alternativas são incorretas.

13. Responda corretamente:
Os serviços notariais e de registro cartorários são exercidos em caráter:
a) Público, por órgão da administração.
b) Público, por entidade da administração.
c) Privado, por delegação de poder público.
d) Privado, pelo regime de empresa concessionária.
e) Privado, de livre iniciativa e competividade particular.

14. Considere as seguintes afirmações:
I – A enumeração dos serviços públicos feita no texto constitucional não é exaustiva.
II – Por serviços de utilidade pública entendem-se todos aqueles onde a administração, reconhecendo a sua conveniência e não essencialidade, encarrega-se de prestá-lo diretamente ou aquiesce em que sejam prestado por terceiros.
III – Previamente a edital de licitação, com vistas á concessão do serviço de exploração de vias públicas, o poder concedente necessita apenas publicar ato justificando a conveniência da delegação, caracterizando seu objeto, área e prazo.
Quais estão corretas?
a) Apenas I e II.
b) Apenas I e III.
c) Apenas II.
d) Apenas II e III.
e) I, II e III.

15. Assinale a resposta incorreta.
Os serviços públicos podem ser exercidos por órgãos ou entidades, da administração direta ou indireta, e ainda por particulares, pessoas físicas ou jurídicas, de tal sorte que se pode afirmar:
a) Pela concessão a administração, após licitação, contratualmente transfere a execução de serviço público a pessoa jurídica ou a consórcio de empresas que se comprometem a prestá-lo de modo adequado, em condições de modicidade tarifária.
b) A permissão de serviço público acarreta delegação precária e revogável unilateralmente pela administração nos termos do edital, efetivando-se mediante contrato de adesão com pessoa física ou jurídica.
c) A concessão termina, entre outras formas, pelo advento do termo, ocasião em que se dá a reversão, ou pela encampação, na vigência da concessão, independentemente de lei específica, por motivo de interesse público, com pagamento da indenização devida.
d) A transferência do controle societário da concessionária, sem anuência do concedente, autoriza seja declarada a caducidade da concessão mediante decreto, precedido de processo administrativo.

16. Tome por base as seguintes afirmações:
I – O contrato de concessão de obra pública é o destinado a outorgar a um particular a faculdade de usar um bem da Administração segundo sua destinação específica, tal como um restaurante ou um logradouro turístico.

II – Por equilíbrio econômico-financeiro, nos contratos administrativos, deve entender-se a relação de equivalência formada, de um lado, pelas obrigações assumidas pelo contratante no momento do ajuste e, de outro lado, pela compensação econômica que lhe corresponderá.
III – Contrato de serviço é o ajuste administrativo que tem por objeto uma atividade prestada à Administração, para atendimento de suas necessidades ou de seus administrados.
Quais destas afirmações estão corretas?
a) Apenas I e II.
b) Apenas I e III.
c) Apenas II.
d) Apenas II e III.
e) I, II e III.

17. **A respeito dos serviços públicos e de sua centralização e descentralização, pode-se afirmar corretamente:**
a) À autarquia, pessoa jurídica de direito público, cuja criação é autorizada por lei para uma finalidade especifica, cabe desempenhar de maneira descentralizada e autônoma um serviço público.
b) Às entidades paraestatais, com personalidade jurídica de direito público, de que são espécies a empresa pública e a sociedade de economia mista, cabe a realização de serviços de interesse coletivo ou a exploração de atividade econômica.
c) A fundação pode ter participação de recursos públicos em seu capital sem que se torne, obrigatoriamente, uma entidade paraestatal bem como pode a empresa pública ter a participação de capital privado.
d) As fundações públicas são criadas por lei e se constituem em pessoas jurídica de direito público, integrando a chamada administração indireta e apesar de sua conformação ser estabelecida no direito privado seus servidores estão sujeito ao regime jurídico único.
e) Nenhuma afirmação está correta.

18. **Na vigência de contrato de concessão de serviço público, o poder concedente poderá:**
I – Decretar intervenção para regularizá-lo, quando prestado de modo deficiente ou houver sido paralisado indevidamente.
II – Retomá-lo, através de encampação, desde que o faça por motivo de interesse público.
III – Reduzir a tarifa inicialmente fixada, desde que haja concordância do concessionário.
Quais estão corretas?
a) Apenas a I.
b) Apenas a I e a II.
c) Apenas a I e a III.
d) Apenas a II e a III.
e) A I, II e III.

19. **Considera as seguintes assertivas.**
I – Os contratos de concessão de serviço público poderão prever mecanismos de revisão de tarifas, a fim de manter-se o equilíbrio econômico-financeiro.
II – É cláusula necessária do contrato de concessão de serviço público a que estabeleça o objeto, a área e o prazo.
III – A inexecução total ou parcial do contrato de concessão acarretará a reversão.
Qual a resposta incorreta?
a) Apenas a I.

b) Apenas a I e a II.
c) Apenas a III.
d) Apenas a I e a III.
e) Todas estão incorretas.

20. **Assinale a resposta incorreta.**
O contrato de concessão público se extingue:
a) Pela falência ou extinção da empresa concessionária.
b) Pelo advento do termo contratual.
c) Pela caducidade.
d) Pela intervenção.
e) Pela rescisão.

Gabaritos

1 – Administração Pública

1 – a;	2 – a;	3 – b;	4 – b;	5 – d;
6 – a;	7 – b;	8 – d;	9 – d;	10 – c;
11 – d;	12 – d;	13 – a;	14 – a;	15 – b;
16 – b;	17 – a;	18 – e;	19 – b;	20 – a;
21 – c;	22 – d;	23 – e;	24 – c;	25 – e;
26 – a) e; b) e; c) c; d) e; e) c;			27 – c;	28 – b;
29 – e;	30 – c;	31 – b;	32 – c;	33 – d;
34 – a;	35 – d;	36 – d;	37 – b;	38 – a) c; b) c; c) c; d) c); e) c;
39 – e;	40 – d;	41 – a;	42 – c;	43 – d;
44 – a;	45 – a) c; b) e; c) e; d) e; e) e;			46 – b;
47 – e;	48 – c;	49 – d;	50 – d;	51 – e;
52 – b;	53 – e;	54 – a;	55 – e;	56 – c;
57 – e;	58 – a;	59 – e;	60 – d;	61 – b;
62 – e;	63 – b;	64 – c;	65 – c;	66 – c;
67 – a;	68 – a;	69 – b;	70 – a) c; b) c; c) c; d) e; e) e;	
71 – c;	72 – e;	73 – d;	74 – a;	75 – b;
76 – e;	77 – e;	78 – e;	79 – b;	80 – c;
81 – a;	82 – c;	83 – e;	84 – c;	85 – e;
86 – e;	87 – a;	88 – a;	89 – b;	90 – e.

2 – Ato administrativo

1 – a;	2 – c;	3 – a;	4 – e;	5 – d;
6 – c;	7 – d;	8 – d;	9 – a;	10 – c;
11 – e;	12 – a;	13 – a;	14 – e;	15 – a;
16 – c;	17 – c;	18 – d;	19 – e;	20 – c;
21 – b;	22 – a;	23 – c;	24 – e;	25 – a;
26 – c;	27 – b;	28 – a;	29 – a;	30 – a;
31 – b;	32 – d;	33 – e;	34 – a;	35 – d;

36 – d;   37 – c;   38 – a;   39 – b;   40 – a;
41 – e;   42 – c;   43 – c;   44 – c;   45 – a;
46 – d;   47 – b;   48 – a;   49 – c;   50 – e;
51 – a;   52 – a;   53 – c;   54 – c;   55 – d;
56 – a;   57 – a;   58 – b;   59 – c;   60 – c;
61 – a;   62 – c;   63 – d;   64 – c;   65 – b.

3 – Controle da Administração

1 – d;   2 – a;   3 – d;   4 – b;   5 – b;
6 – b;   7 – c;   8 – d;   9 – c;   10 – c;
11 – c;   12 – a;   13 – c;   14 – e;   15 – e;
16 – b;   17 – c;   18 – c;   19 – b;   20 – e;
21 – d;   22 – e;   23 – c;   24 – b;   25 – c;
26 – e;   27 – a;   28 – b;   29 – d;   30 – a.

4 – Licitação

1 – e;   2 – b;   3 – d;   4 – a;   5 – a;
6 – c;   7 – d;   8 – d;   9 – e;   10 – b;
11 – c;   12 – c;   13 – c;   14 – b;   15 – c;
16 – a;   17 – e;   18 – e;   19 – b;   20 – c;
21 – a;   22 – b;   23 – a;   24 – d;   25 – e;
26 – c;   27 – a;   28 – c;   29 – a;   30 – d;
31 – e;   32 – a;   33 – e;   34 – c;   35 – a;
36 – e;   37 – c;   38 – d;   39 – b;   40 – c;
41 – a;   42 – e;   43 – d;   44 – b;   45 – d.

5 – Contratos administrativos

1 – c;   2 – a;   3 – c;   4 – d;   5 – a;
6 – b;   7 – c;   8 – a;   9 – a;   10 – d;
11 – a;   12 – e;   13 – b;   14 – b;   15 – e;
16 – c;   17 – a;   18 – c;   19 – c;   20 – b;
21 – d;   22 – a;   23 – e;   24 – c;   25 – d;
26 – a;   27 – e;   28 – b;   29 – b;   30 – e;
31 – b;   32 – a;   33 – d;   34 – e;   35 – c;
36 – e;   37 – d;   38 – a;   39 – e;   40 – b;
41 – b;   42 – c;   43 – e;   44 – e;   45 – a;
46 – d;   47 – a;   48 – b;   49 – c;   50 – a.

6 – Servidor público

1 – d;	2 – b;	3 – e;	4 – a;	5 – d;
6 – d;	7 – c;	8 – b;	9 – a;	10 – a;
11 – a;	12 – b;	13 – c;	14 – d;	15 – c;
16 – a;	17 – b;	18 – e;	19 – a;	20 – e;
21 – d;	22 – a;	23 – c;	24 – a;	25 – b;
26 – a;	27 – e;	28 – d;	29 – d;	30 – c;
31 – e;	32 – b;	33 – d;	34 – d;	35 – a;
36 – a;	37 – d;	38 – c;	39 – c;	40 – b;
41 – b;	42 – a;	43 – a;	44 – c;	45 – b;
46 – d;	47 – c;	48 – e;	49 – a;	50 – a;
51 – e;	52 – b;	53 – b;	54 – e;	55 – d;
56 – e;	57 – c;	58 – a;	59 – e;	60 – c;
61 – a;	62 – a;	63 – e;	64 – e;	65 – c;
66 – b;	67 – b;	68 – a;	69 – c;	70 – d;
71 – c;	72 – d;	73 – d;	74 – a;	75 – b;
76 – d;	77 – b;	78 – d;	79 – a;	80 – a;
81 – a;	82 – d;	83 – e;	84 – c;	85 – c;
86 – b;	87 – e;	88 – b;	89 – c;	90 – c;
91 – c;	92 – c;	93 – a;	94 – d;	95 – a;
96 – c;	97 – e;	98 – a;	99 – a;	100 – b;
101 – b;	102 – e;	103 – d;	104 – b;	105 – c
106 – e;				

7 – Bens públicos

1 – d;	2 – b;	3 – c;	4 – e;	5 – b;
6 – c;	7 – a;	8 – c;	9 – a;	10 – a;
11 – e;	12 – b;	13 – c;	14 – e;	15 – c;
16 – c;	17 – b;	18 – c;	19 – c;	20 – a;
21 – a;	22 – d;	23 – d;	24 – a;	25 – b;
26 – d;	27 – b;	28 – c;	29 – b;	30 – d;
31 – d;	32 – c;	33 – e;	34 – d;	35 – b;
36 – b;	37 – d;	38 – d;	39 – a;	40 – c.

8 – Intervenção do Estado na propriedade privada

1 – e;	2 – e;	3 – a;	4 – c;	5 – b;
6 – a;	7 – c;	8 – c;	9 – c;	10 – a;
11 – c;	12 – b;	13 – c;	14 – d;	15 – e;
16 – e;	17 – d;	18 – e;	19 – d;	20 – a;
21 – e;	22 – b;	23 – c;	24 – a;	25 – e;
26 – b;	27 – e;	28 – a;	29 – c;	30 – c;
31 – a;	32 – a;	33 – e;	34 – b;	35 – b;
36 – e;	37 – c;	38 – b;	39 – c;	40 – a;
41 – c;	42 – e;	43 – c;	44 – c;	45 – c;
46 – b;	47 – d;	48 – e;	49 – c;	50 – d.

9 – Responsabilidade civil do Estado

1 – a;	2 – a;	3 – c;	4 – c;	5 – b;
6 – e;	7 – b;	8 – a;	9 – e;	10 – b;
11 – e;	12 – a;	13 – c;	14 – c;	15 – a.

10 – Improbidade administrativa

1 – a;   2 – c;   3 – a;   4 – b;   5 – b.

11 – Serviços públicos

1 – e;	2 – e;	3 – e;	4 – d;	5 – a;
6 – a;	7 – e;	8 – c;	9 – d;	10 – b;
11 – b;	12 – d;	13 – c;	14 – a;	15 – d;
16 – c;	17 – e;	18 – b;	19 – b;	
20 – d.				

Bibliografia

Coord. BARROS, Wellington Pacheco. *Elementos de Direito da Saúde*. Porto Alegre: Departamento de Artes Gráficas do Tribunal de Justiça do Estado do Rio Grande do Sul, 2006. 448p.

BARROS, Wellington Pacheco. *Curso de Processo Administrativo*. Porto Alegre: Livraria do Advogado, 2005. 264p.

――――. *O município e seus agentes*. Porto Alegre: Livraria do Advogado, 2002. 240p

――――; BARROS, Wellington Gabriel Zuchetto. *A Proporcionalidade como Princípio de Direito*. Porto Alegre: Livraria do Advogado, 2006. 95p.

CARVALHO, Vanessa Cerqueira Reis de. O Princípio do Concurso Público e a Contratação por Prazo Determinado. *Revista de Direito da Procuradoria Geral do Estado do Rio de Janeiro*. 2002, pág. 113

CRETELLA JÚNIOR., José. *Curso de Direito Administrativo*. 13ª ed. Forense. 2005

――――. *Tratado de Direito Administrativo, O Pessoal da Administração Pública*. vol IV, Editora Forense, 2ª edição, 2005.

GASPARINI, Diogenes. *Direito Administrativo*. 3ª ed. São Paulo:Saraiva. 1993.

MEIRELLES, Hely Lopes. *Direito Administrativo Brasileiro*. 29ª ed. São Paulo: Malheiros Editores, 2004.

MOREIRA NETO, Digo de Figueiredo. *Curso de Direito Administrativo. Rio de Janeiro: Forense, 1994.*

Impressão:
Editora Evangraf
Rua Waldomiro Schapke, 77 - P. Alegre, RS
Fone: (51) 3336.2466 - Fax: (51) 3336.0422
E-mail: evangraf@terra.com.br